Edipo, Amleto, Pinocchio e gli altri.

Aspetti educativi e formativi della Tragedia, della Fiaba e del Romanzo

Giuseppe Chitarrini

Titolo | Edipo, Amleto, Pinocchio e gli altri
Sottotitolo | Aspetti educative e formative della Tragedia, della
Fiaba e del Romanzo
Immagine di copertina | © maxtor777 - Fotolia
Autore | Giuseppe Chitarrini

ISBN | 978-88-91162-97-7

Youcanprint Self-Publishing
Via Roma, 73 – 73039 Tricase (LE) – Italy
www.youcanprint.it
info@youcanprint.it
Facebook: facebook.com/youcanprint.it
Twitter: twitter.com/youcanprintit

INTRODUZIONE

Als das Kinder war, wusstle as nucht,
das a Kinder war"
„Quando il bambino era bambino,
non sapeva di essere un bambino"

Walter Benjamin

La narrativa di Formazione, in particolare il Romanzo, nasce e si evolve in ambito illuministico, dando vita a un vero e proprio genere letterario, a una tradizione letterario-narrativa che, soprattutto nell'area di lingua tedesca, assunse caratteristiche distinte e particolari (*Bildungsroman*). Lo svolgimento della trama del Romanzo di Formazione è tesa a definire il percorso individuale -da parte del protagonista- di acquisizione delle competenze pro-sociali attestanti il completamento e la maturazione di quel processo identitario definito secondo quelli che erano gli standard culturali e di 'civilizzazione'. Un percorso-processo acquisitivo e prescrittivo con delle tappe predefinite, che terminava con l'acquisizione delle qualità necessarie per definire l'assetto identitario-esistenziale e personale del protagonista che alla fine della storia raggiungeva una collocazione di status e ruolo soddisfacente e adeguato alle aspettative di classe, di vita e dello specifico produttivo-professionale; oltre a quell'elevazione spirituale e intellettuale che, nel periodo dell'affermazione delle classi borghesi e per tutto la fase storica dell'ascesa della produzione industriale, contraddistingueva, in termini di affermazione e prestigio sociale e di censo, le condizioni peculiari dei ceti e delle classi dominanti. Diventando —insomma- quel che si è rispetto le aspettative ascritte alla condizione borghese. In questi termini il contenuto linguistico e lo specifico narrativo di questo tipo di percorso di formazione (appunto il Romanzo di Formazione) veniva declinato in maniera formale, con dei contenuti precettistici e rigidamente prescrittivi. Ne risultava un prodotto dai toni prosaici, convenzionali, conformistici e direttivi, ad uso e consumo esclusivo —come dicevamo- della borghesia in ascesa, intesa -come probabilmente lo era agli inizi della rivoluzione industriale- come classe omogenea, definita e ben circostanziata sociologicamente e culturalmente. Anche l'eccentrica declinazione britannica di un *David Copperfield* (e anche di *Oliver Twist)*, pur denunciando e criticando esplicitamente e con autentica convinzione le condizioni di vita del proletariato urbano, finiva con l'articolarsi pur sempre all'interno della realizzazione e compimento dell'Ethos borghese: il protagonista conosce e percorre la miseria e la sofferenza, ma poi tutto ritorna e David ritrova la sua collocazione conclusiva nella società borghese con tutto quello che ciò compete e spetta.

In Italia si può parlare di un romanzo di formazione con queste caratteristiche? E' proprio questo l'interrogativo che fornisce lo stimolo per un approfondimento comparativo fra la situazione storico-sociale (e letteraria) italiana e gli altri paesi, incardinando però il discorso in una prospettiva evolutiva di tale genere letterario, fino ai suoi esiti attuali e i suoi sviluppi più o meno epigoni nella 'crisi' del romanzo novecentesco, soprattutto in area mitteleuropea. Non è facile, nei percorsi esistenziali delle produzioni letterarie del novecento anche italiano, rintracciare i tratti di genere del romanzo di formazione ed educativo. Nei registri delle appartenenze multiple, del pluralizzarsi dei percorsi esistenziali e della condizione borghese, nell'avanzata (oggi 'stoppata' dalla crisi) di una marea differenziata di 'ceto medio', così come nelle realtà multiculturali, nella deterritorializzazione e smaterializzazione della centralità del lavoro e della fabbrica. Le nostre biografie oggi risultano ibridate e il divenire di un singolo perde la sua 'universabilità' insieme alla continuità e univocità, soprattutto nei riguardi della formazione personale, della crescita ed evoluzione personale. Ancor più difficile oggi, nel nuovo millennio, definire in maniera canonica e standardizzabile una maturità e un modello di formazione unica e ascriverla anche in una collocazione di classe.

Le condizioni si sono trasformate, gli itinerari identitari flessibilizzati e moltiplicati, le situazioni di status sociale sono sempre più 'contingenti' e 'fluide'. Eppure di genere letterario formativo-educativo si può ancora parlare, e tenteremo di darne breve mostra, cercando di rintracciarne alcune caratteristiche, alcuni tratti anche nella produzione della prima e della tarda modernità.

Oggi al di là della realtà letteraria si deve parlare al plurale di formazioni. Oltre quelle appartenenti al mondo letterario che narrano dell'itinerario e delle vicende individuali di un personaggio 'di fantasia' emblematico, ipertipico -come direbbe Lotman-, si danno, nella realtà concreta storicamente determinata, molti modelli di formazione e di prassi educative derivate dalla frammentazione e dallo sviluppo delle tecnologie e dei saperi, dalla divisione del lavoro post-fordista e dalla problematicità di una condizione umana e lavorativa di perenne apprendistato, alle esperienze di un perenne tirocinio socio professionale e di e-learning. Oltre a quelle legate al raggiungimento di uno status socio-professionale -status che oggi è estremamente incerto, complesso e indistinto- vi sono poi altre formazioni e altre occasioni di evoluzione spirituale e personale. Penso, per esempio, ai percorsi formativi di genere, o i molteplici itinerari di educazione e di aggiornamento, formazioni specifiche come per esempio quelle sulla genitorialità o sulla interculturalità, sull'affettività, le varie forme di educazione ricorrente e permanente ecc. ecc. Oggi, comunque sia, di fronte alla conclamata inadeguatezza delle agenzie formali educative di carattere tradizionale ed istituzionale, alle peripezie di ciascun vissuto posto di fronte al sempre più alto grado di complessità, flessibilità e differenziazione della vita sociale, è proprio l'adeguata Formazione, sia di tipo tecnico, sia, per altri versi, di carattere culturale, il dispositivo più idoneo per l'acquisizione di chances di sopravvivenza, di mobilità e accreditamento sociale; oltre che –anche se in maniera spesso ambigua e contraddittoria –venire usata anche come strumento di misurazione e valutazione del capitale di conoscenze del singolo(1). La Formazione resta quindi, nelle vicende umane, argomento centrale sia per quanto riguarda la sfera lavorativo-professionale sia per quanto riguarda la determinazione della personalità; quello che mi sembra incerto è la possibilità, oggi, di poter narrare una Formazione personale e spirituale che sia, anche entro un certo limite, generalizzabile, con ricadute educative universalizzabili ed emblematiche: se incerta è la definizione di una Formazione (e delle formazioni) nella tarda modernità, ancor più incerto è il raccontarne il 'rispecchiamento' letterario. Ogni storia raccontata vale per sé, e se non è del tutto unica, si mantiene pur sempre all'interno di una nicchia di una limitata intersoggettività più o meno idiografica. Sono aumentate le difficoltà di esporre letterariamente (e narrativamente) le vicende paradigmatiche inerenti raggiungimento di una maturità che sia in sintonia con i nostri tempi, così come invece si poteva narrare con il *Bildungsroman* tradizionale; le difficoltà iniziano con il romanzo 'epigono' del novecento e aumentano notevolmente oggi, ai tempi della tarda o della post-modernità.

Se è difficile ai nostri giorni un modello reale e univoco di formazione traducibile in termini narrativo-letterari, va detto anche che molto si sono diversificati i mezzi stessi della narrazione e i linguaggi: il libro ha perso la sua centralità, è subentrato prepotentemente il cinema, ma anche il fumetto e altre forme neo e multi mediatiche e di fiction.

Il terzo capitolo di questo studio, tuttavia, sarà riferito al libro come espressione completa, che dal settecento a oggi ha raggiunto un livello formalmente ineccepibile e di eccellenza narrativa, ma sarebbe anche necessario accennare alle nuove espressioni che dicevamo, perché l'opera d'arte è trasmigrante e poliforme. L'opera d'arte -quindi anche l'espressione romanzesca- viene guardata, generazione dopo generazione, da una posizione diversa, con, occhi nuovi "anche se non è detto poi che il punto di vista conquistato successivamente sia il più appropriato. Il valore dell'opera d'arte non è un valore assoluto ed universale, ma cambia in relazione al momento storico"(2) virtù di questa qualità, l'approccio sociologico (e nel caso della narrativa di formazione, anche pedagogico) all'opera letteraria –come è quello che a grandi linee innerverà i capitoli successivi- si rivela un approccio metodologico plausibile, perché ammette la mutevolezza del significato di un'opera e il suo modularsi tenendo conto delle caratteristiche dei diversi contesti storico-sociali e dei diversi criteri di valutazione estetica.

Come dicevamo con il pluralizzarsi del mezzo vengono, ovviamente, a modificarsi i linguaggi, le forme espressivi, le trame e gli stessi contenuti, chiamando così lo studioso a ulteriori continui approfondimenti, rivisitazioni e revisioni. Operazioni queste che vanno messe in campo con massima umiltà e massima raffinatezza di strumenti analitici; lo studioso –nel considerare le varie forme espressivo-mediatiche- è chiamato a un sovrappiù di competenza critica perché dovrà muoversi a 360° in tutto quello che è l'ampio spazio dell'immaginifico e della fiction.

Insomma possiamo dire che gli abiti di Emilio, o Wilhelm, Leonardo, David o anche, a suo modo, di un Frèdric Moreau, sono, come è ovvio, irrimediabilmente fuori moda per Toerless, o Kroeger o Castorp. Ma i vestiti di questi ultimi, con non pochi ritocchi o ricuciture, possono, a loro volta, adattarsi ai recenti protagonisti di quest'ultimo mezzo secolo? ai personaggi dei romanzi e dei films di Pasolini, o al piccolo protagonista dell'allucinata e orrorifica fiaba di King-Kubrick nel labirinto dell'Overloock Hotel, o, ancora, da un Agostino, un Arturo nella sua isola, o, per altri aspeti, la struggente figurina del piccolo Useppe, e i più recenti personaggi di Ammaniti o di Giordano, a queste narrazioni su supporto cartaceo (libro) vanno aggiunte le diverse trasposizioni polimediatiche, la narrazione di fiction o i film anche recentissimi come per esempio la storia di formazione narrata da Ferzan Ozpeteck ne "La magnifica presenza", o la trasposizione filmica de "La solitudine dei numeri primi" e molti, molti altri. Uno sconfinamento del 'Letterario' nel 'Filmico' e, più in genere, nel multi mediatico(3).

Un altro capitolo prende in esame un'altra espressione che si configura anche come genere narrativo nella quale l'implicazione formativa ed educativa dell'adulto, ma anche e in particolare, del bambino, viene data per ovvia, implicita e, a volte, anche per scontata, anche se non tautologica come invece è nel Romanzo –detto appunto- di Formazione o Pedagogico: il secondo capitolo si occuperà infatti del racconto fiabesco e favolistico.
"Noi siamo fiaba" (4) titolava un volume di pochi anni fa, proprio ad indicare come la fiaba (e anche la favola) sia costituita da "un materiale di cui siamo fatti: il nostro corpo è fiaba, la nostra immaginazione, i nostri pensieri…le nostre vite sono fiaba"(5). Non di meno è un racconto, a volte di eccellente fattura, in particolare quando il testo riproduce, con un certo rigore filologico-stilistico e vigore letterario, reperti del patrimonio collettivo di una data area folclorica. Ricostruzioni efficaci di percorsi narrativi tortuosi, che affondano le radici nel mitico e nell'immaginario archetipico, riuscendo a trovare insediamento in quello che è oggi la nostra industria culturale, sviluppando in chiave di massa aspetti remoti, atti alla spettacolarità e –contemporaneamente- a far da guida per quelle che sono state le prassi educative della modernità, e oggi, attraverso l'ausilio multimediale (oltre che al testo scritto) anche della nostra contemporaneità. Così che "la fiaba…viene a configurarsi…come una grande enciclopedia del narrabile, di funzioni

originarie che si possono trovare alle spalle di Don Chisciotte, di Amleto, di Robinson"(6) e anche del Romanzo di Formazione, dove, nelle pieghe delle sue trame, sono rintracciabili elementi poliformi ma ricorrenti di alcune strutture della narrativa fiabesca, quasi come se lo scrivere nei due generi fosse un processo combinatorio di elementi dati(7). Ad esempio, un elemento caratteristico e ricorrente è il *topos* del viaggio (fisico-spaziale, ma anche introspettivo, breve o lungo che sia), in quanto percorso iniziatico, che consente il distacco, la transizione da una condizione esistenziale precedente ad un'altra, una evoluzione psicologico-spirituale del protagonista, una ricostruzione di una tensione verso il mutamento e il trascendimento della situazione di partenza. Esperienza maturativa di un bambino o di un adolescente, posta in relazione ai tempi e ai luoghi nei quali l'esperienza stessa trova svolgimento(8).

La narrazione fiabesco-favolistica – a differenza del romanzo e per altri aspetti anche della Tragedia- non si caratterizza quindi come genere univoco e circostanziato, tanto che ogni volta il racconto si potrebbe definire come un caso a sé; una riproduzione all'interno di un campo semantico alquanto eterogeneo e differenziato, che è la riproduzione attuale di quell'ordito narrativo che rappresenta, di circostanza storica in circostanza storica, il grande magma delle Tradizioni e del folclore, che affonda le radici nell'archetipo, nel simbolo, nelle rappresentazioni e nel loro farsi narrazione, consentendo così il passaggio da una condizione naturale del mito, a una condizione storica presupposto di una sua continua evoluzione storica. Una pluralità di linguaggi e racconti, a volte scritti, a volte tramandati oralmente, riscritti e reinterpretati, aggiornati e rigenerati, in un corpus, un canovaccio che trova poi adattamento a seconda dei contesti e delle contingenze nei quali la ri-narrazione si svolge: vuoi nella trama riadattata di una fiction, nel registratore di un etnomusicologo, nell'animazione di una recita scolastica ecc. Contesti e contingenze storiche delle quali occorre tener conto se non si vuole scadere negli aspetti formalistici e iperstrutturalisti, che danno conto degli assetti morfologici, di invarianti e funzioni, spiegando analiticamente l'oggetto-racconto, senza però dare occasione di comprensioni più ampie e soggettivamente partecipate.

Spesso la narrazione fiabesca e favolistica assume un forte connotato allegorico, nel quale parlano, partecipano e ne sono protagonisti animali e soggetti inanimati. I personaggi principali – a differenza del *Bildungsroman* e della rappresentazione tragica- non sono giovani adulti, sono invece, spesso, bambini,o, secondariamente, degli adulti, comprimari e in genere 'fantasticizzati'. Altra tipicità della favola è, quasi sempre, lo svolgimento

"di una funzione che la caratterizza in senso moralistico e precettistico...che vuole illustrare le punizioni –e gli inconvenienti- nei quali incappa colui che trasgredisce a delle regole morali, sociali, religiose, di cui il racconto vuole farsi portatore...In questo senso la favola è profondamente differente dalla fiaba che vede sempre il trionfo dell'individuo protagonista, al quale spesso, perché trasgressore o comunque individualmente coraggioso e audace, la fiaba accorda sostegni magici e soprannaturali"(9)

La fiaba, quindi, a differenza della favola, che è più di carattere prosaico e precettisticamente finalizzata, enfatizza le affermazioni individuali del soggetto (umano, animale o vegetale) protagonista che si trova –a volte- a violare le norme e il comportamento istituzionalizzato, riuscendo, successivamente, a compiere, attraverso percorsi di carattere iniziatici, azioni eccezionali che ne varranno l'emendamento, la lode e il riconoscimento collettivo. Un personaggio nel quale identificarsi, e soprattutto per i bambini

"trovare una compensazione ai suoi stati depressivi e di paura. Questo soprattutto perché, affermano gli psicoanalisti, le situazioni delle fiabe richiamano simbolicamente le ansie, le paure e le angosce infantili che nel racconto trovano una soluzione positiva e rassicurante"(10).

E forse proprio in questa sorte di catarsi si può riscontrare una certa similitudine con quello che è considerato, da Aristotele, il culminare della Tragedia il dispositivo principe della *Technè* educativa dell'abitante della *Polis.*
La trama del Pinocchio è caratterizzata, tra le altre cose, per il suo essere un complesso ibrido rispetto ai due canoni fiaba/favola, una felice commistione: a ben guardare nell'opera del Collodi si 'fondono' diversi tipi di genere e registri di scrittura e narrazione che vanno ben oltre la fiaba e la favola. Comunque attenendosi esclusivamente a queste ultime, va detto che, a proposito della narrazione fiabesca, il burattino risulta

essere un prodotto da intaglio ricavato da un pezzo di legno 'di catasta'; è quindi in origine un vegetale inanimato, che, da subito, viene dotato di pensiero autonomo, costituendo un che di magico e prodigioso. E' capace di metamorfosi sorprendenti e meravigliose e si ritrova, come, appunto, nelle fiabe, coinvolto in processi e ritualità di tipo iniziatico. Anche parte dei protagonisti e dei personaggi del Pinocchio sono animali antropomorfizzati che interagiscono 'alla pari' con gli esseri umani: pesci parlanti, giudici scimmioni, grilli saggi e vaticinatori, corvi becchini, lumache, volpi e gatti che assolvono al ruolo di malandrini-*Tricksters*, ecc. Un po' come i personaggi di Esopo, interagiscono da coprotagonisti con esseri umani o umanoidi: Geppetto, Mastro Ciliegia, l'Omino di Burro, Mangiafuoco e la Fata dai capelli turchini; una figura, quest'ultima, che suggerisce figurazioni semimitologiche legate alla Dea Madre, un *Genius Loci* della campagna Toscana di fine ottocento, povera e miserabile, ma dove vi si svolgono vicende prodigiose. La trama intreccia poi, oltre a questi aspetti fiabeschi, anche aspetti che invece possono definirsi di carattere moralistico ed edificante, secondo quelli che erano un po' i canoni prosaici del pedagogismo corrente e precettistico dell'epoca, prevalenti nei principi di quell'educazione popolare che si andava definendo solo da qualche anno come tratto di una identificazione unitaria e nazionale(11).

"Le avventure di Pinocchio", comunque, al di là di questo tipo di considerazioni, resta un 'esemplare', indiscusso, capolavoro di e per tutti i tempi: il pedagogista Phillipe Meirieu, forse esagerando, sostiene che l'opera collodiana risulta essere il libro più letto e tradotto dopo la Bibbia e il Don Chisciotte(12). Proprio per questo sua pluralità riesce ad essere in contemporanea fiaba e favola e racconto edificante, la sua versatilità gli consente di essere un rivelatore del contesto storico sociale nel quale venne scritto mantenendo anche potenzialità di lettura evocativa di carattere mito-antropologico. Il burattino corrisponde ai canoni della favolistica convenzionale perché, ad esempio, pur non essendo umano –nella prima parte- è chiamato all'ordine , ad attenersi a precisi consigli e precetti, gli vengono richieste prestazioni e compiti da eseguire, ammonizioni e raccomandazioni (che peraltro lui sistematicamente elude), come viene richiesto ai bambini umani e reali, con il linguaggio e i registri educativi-pedagogici tipici dell'epoca.

Insomma, quella di Pinocchio risulta essere un'opera complessa e molteplice, un felice e indivisibile impasto di generi fantastici e immaginari e derivati mitologici, sui quali è possibile 'innestare'anche oggi varianti e 'aggiornamenti' a seconda delle diverse contestualizzazioni audio visive e mediatiche.

E' con il Rinascimento e poi l'Illuminismo che la cosiddetta "Fabula gotica" del tardo medioevo viene superata, comportando una decisiva tinteggiatura laica del materiale mitologico che si era sedimentato nel Folclore e nella Tradizione popolare; giungendo poi, dopo aver attraversato il 'vaglio filologico' dell'ottocento, fino ai nostri giorni, attraverso nuove traduzioni e nuove metodiche divulgative, riordinando quelle che C. Gatto Trocchi (riferendosi alle fiabe del centro Italia) definisce come "unità tematiche che si ritrovano in opere differenti…trasmesse da uno schema narrativo all'altro…che si combinano e si ricombinano tra loro nei diversi contesti con modalità praticamente illimitate"(13).

 Nel sette-ottocento la favola si trova ad assolvere una funzione aggiuntiva proprio in concomitanza della definizione borghese dell'infanzia, quella cioè di rispondere alle esigenze pedagogiche di tipo pratico e finalizzate all'insegnamento della morale più convenzionale e corrente distintive dell'appartenenza di classe. In Italia l'ascesa della borghesia nazionale è più tardiva rispetto altre aree europee, pone anche il problema di individuare delle tematiche condivisibili, comuni, portatrici di una certa carica identitaria, sulle quali far camminare il processo di unificazione post-risorgimentale in concomitanza del giungere a compimento della rivoluzione industriale nostrana. Sicuramente il Pinocchio, in questo frangente, corrisponde a queste necessità; però, oltre ad adempiere, in un certo modo, a queste 'incombenze', riesce anche ad andare oltre. Oltre i *Minuzzolo*, *Giannettino*, e anche, facendo gli opportuni distinguo, anche oltre il *Cuore*. Collodi riesce, forse *malgrè soi*, a conferire al suo personaggio connotati fiabeschi, mettendo così insieme, oltre questo aspetto precettistico e convenzionale, anche dei riferimenti mitologici e metaforico-simbolici, che meritano di essere guardati con rispetto ed attenzione.

Il prodotto, nel suo insieme, era destinato ad un pubblico eterogeneo e molteplice da un punto di vista delle classi sociali (piccola e media borghesia, proletariato urbanizzato e alfabetizzato, ma anche piccola e media aristocrazia, pensatori illuministici e letterati, esponenti piccoli e medi della burocrazia unitaria, un po' meno le classi più 'retrive', come potevano essere gli ecclesiastici di ogni ordine e grado e l'alta aristocrazia terriera e cittadina), Collodi doveva far fronte a questa frastagliata, e per certi aspetti, nuova platea di lettori, per questo probabilmente si attiene a un impianto binario: una trama diretta, più semplice e convenzionale, e un'altra –magari più sottotraccia- per palati più raffinati ed esigenti, magari direttamente o indirettamente attratti da retrogusti iniziatico-massonici, attraverso i quali, volendo, ci si può rifare, scrutando fra le righe, l'opera di Collodi. Quest'ultimo, da buon giornalista, ha il polso della situazione, capisce le nuove istanze e quelle più tradizionali, e per questo, non da raffinato mitologo o filologo –come invece potevano essere i Grimm in Germania- attinge al materiale folclorico a sua disposizione e ad una pluralità di reperti mitici raggiungendo così sia il lettore urbanizzato, laico e disincantato, sia il lettore più periferico e meno aggiornato. Insomma un'opera plurale, per un pubblico eterogeneo sia sul piano sociale e antropologico, sia sul piano geografico perché situato nelle più estreme aree di un'Italia unita da pochi decenni, e per questo ancora in parte anche sconosciuta a questo giornalista-scrittore, al quale va comunque il merito di aver scritto una delle storie più affascinanti e più lette al mondo, oltre ad essere stato, rimanendo sul piano della favolistica, un curatore e traduttore in Italia, di alcuni narratori e studiosi di folclore d'oltre alpi, tra i quali alcuni scritti di Perrault.

Riprendendo forse indebitamente, e in maniera stringata e riduttiva, uno dei fili della complessa trama del pensiero di un grande, indimenticato, studioso di miti: Furio Jesi, viene da affermare che la fiaba e la favola, soprattutto nelle riedizioni e versioni multi mediatiche di oggi, possano costituire narrazioni stilizzate, frutto di continue variazioni, letture e riedizioni delle remote narrazioni mitiche. La fiaba come tappa di quel percorso di 'tecnicizzazione del mito', che ebbe inizio già nella classicità, proseguito poi nel medio evo cristiano assoggettandosi –in parte- alle istanze religioso-teologiche, istituzionalizzandosi e conformandosi su basi universalistiche; attraversando poi Umanesimo, Rinascimento e le interpretazioni razionalizzanti dell'illuminismo, le agiografie del romanticismo e giungendo a noi variamente combinato e dopo essersi sedimentato nelle stratificazioni delle tradizioni popolari e del folclore. Espressione tematica quella di 'tecnicizzazione del mito' che si potrebbe far rientrare nella vasta mole di studi condotti anni prima, al fine di definire un percorso di umanizzazione del mito (di de-mitizzazione e ri-mitizzazione, da intendersi quest'ultimo in termini negativi come funzionalizzazione ideologica del discorso mitico), dallo studioso ungherese Karoly Kerényi che, peraltro ebbe frequenti rapporti epistolari con Iesi.

 Così questi 'reperti' potrebbero contribuire a definire ancora simulazione e rappresentazioni allegoricizzate e no di intenti e costrutti normativi attuali. Il mito così riesce a sopravvivere, ma deve necessariamente stilizzarsi e conformarsi agli intenti razionalizzanti e di serializzazione-massificazione, spesso scadendo addirittura a livello di utilizzo da parte della parte più bassa della politica e dei suoi 'riscontri' ideologici. Infine, con il recente acceleramento del processo di tecnologizzazione e globalizzazione, possiamo anche azzardare a dire che oltre all'avvicinamento e all'espansione dei mercati anche le tradizioni più diverse e disparate sono entrate in contatto, le derivazioni mitemiche e i patrimoni folclorici, lasciando le periferie del mondo, si sono mescolate e contaminate, a volte anche in maniera virtuosa, a volte, invece, facendo da carburante a rivendicazioni identitarie e micro culturali e consentendo a queste di incrementare il loro potenziale rivendicativo, violento e razzista(14).
Probabilmente la fiaba (e la favola) si potrebbe ritenere appartenente a una fase già avanzata di questo percorso di 'tecnicizzazione' del mito, mentre una prima tappa mi sembra possa essere indicata nella Tragedia, e specificatamente la Tragedia classica (Euripide, Eschilo e Sofocle) della quale si occupa il I° capitolo. Questo genere dai precisi canoni estetico-letterari e teatrali, è giunto fino ai nostri giorni, adeguatamente storicizzato: Shakespeare, Caldèron, Racine, Strindberg, Elliot, Pirandello, Von Hofmannsthal, Cocteau e molti altri si sono cimentati in questo genere letterario-teatrale e nel rappresentare quello che è il sentimento tragico, universalmente coevo all'animo umano; i risultati sono stati a volte notevoli, mentre a volte si è caduti nella trappola del manierismo, della stilizzazione e del virtuosismo filologico.

Un suo connotato tecnico potrebbe essere, ad esempio, quello concernente la funzione svolta, in ambito pubblico, per la definizione della Norma, intesa come *Nomos* cioè come dispositivo e nucleo di regole, valori, patti che vincolano la comunità; la comunità-polis prima e poi le successive comunità-società, fino alle contemporanee realtà sociali e nazionali. La tragedia vuole stabilire, attraverso la naturalità del linguaggio coreutico-corporeo e il magistero orale e linguistico (autore, coro, trama, attori), quello che è giusto fare, quello che, invece, non si può fare, e quello che va fatto, l'illecito e il lecito, il legale e l'illegale, ciò che è morale e ciò che non lo è, il bene e il male, attraverso il testo scritto, ma anche attraverso la formazione di un comune sentire e di una strutturazione di carattere assiologico.

Questo fa sì che l'aspetto etico e i connotati sociali, giuridici ed estetici, si intrecciao nel testo, sia esso scritto, raccontato, rappresentato, ripetuto, reinterpretato ecc. fornendo così –anche tradotta in azione pedagogica- una bussola esistenziale complessiva di promozione dell'individuo e del suo stare in società.

L'aspetto estetico non è un nodo minore di questo intreccio: fra i tanti che hanno posto attenzione a questo aspetto vorrei brevemente e per inciso ricordare J. Dewey, pensatore insospettabile perché distante da toni idealisticheggianti o da posizioni estetizzanti. Lo studioso statunitense intravede nell'esperienza estetica (ed artistica), se opportunamente coltivata, nel senso cioè di essere parte di una progettualità pedagogica individuale o di politica educativa complessiva, la possibilità, per i soggetti, di acquisire le necessarie opportunità di 'curare' le proprie doti riflessive e autoriflessive, conferendo all'individuo le potenzialità finalizzate ali trascendimento dell'esistente, attraverso la tensione dialettica fra affermativo e negativo. Tensione tipica, appunto, della dimensione estetica del vissuto, che si incardina fra contenuto e forma di trasfigurazione e successiva ricreazione ludico-ideativa di quella realtà ambientale di carattere quotidiano e consueto, implicando quindi la non accettazione acritica e passiva del dato di fatto e dello status quo in vista di un andare oltre(15).

Stiamo parlando della dimensione estetico-artistica, intesa non come patrimonio individuale del genio-artista, ma come costruzione sociale, che si fa prospettiva sociale, veicolandosi anche attraverso quelle che S. Moscovici definisce le 'rappresentazioni sociali', intese "come sistema di valore, idee e pratiche con doppia funzione: innanzi tutto quella di stabilire un ordine che permetta alle persone di orientarsi nel mondo sociale e materiale e di padroneggiarlo, e in secondo luogo quella di facilitare la comunicazione tra i membri di una comunità, fornendo loro un codice al fine di chiamare e classificare i vari aspetti del loro mondo me storia individuale e di gruppo…Quindi la Rappresentazione sociale conferisce significato al comportamento, integrandolo in un sistema comportamentale e relazionale più ampio"(16).

A tal proposito, è forse utile ricordare brevemente quanto sostiene Julien Ries a proposito del manifestarsi del mito e le rappresentazioni sociali; lo studioso belga afferma, in diverse circostanze, che per la sociologia (ma credo che l'affermazione si possa estendere ad altre discipline umane e sociali) il racconto mitico è tout court "una rappresentazione d'origine sociale e in vista di una azione sociale"(17).
Da un punto di vista semiotico si "intende per Rappresentazione qualcosa che 'si riferisce a' e che sta nella realtà…pur essendone intrinsecamente separata e distinta da essa. Non è la realtà, ma, appunto la rappresentazione della realtà"(18). Sicuramente, in questo senso anche il prodotto artistico e letterario può essere considerata una rappresentazione sociale, magari una forma alta di essa. Ciò forse vale ancor di più oggi, nell'epoca della riproduzione tecnica, perché il prodotto creativo e artistico serializzato trova un più ampio spazio di condivisione e ricezione: diventa prodotto-massa; diversificando così l'occasione e la proposta di formazione pubblica e di educazione del singolo, in quel processo mitopoietico di produzione e riproduzione-rinnovamento di quelle che sono le tradizioni e i processi culturali.

"Una volta che l'opera d'arte è stata realizzata, i suoi fruitori entrano in relazione con essa. Ciò rinnova l'esistenza di una sfera pubblica… (a tal proposito è esemplare la Tragedia e la vita pubblica della Polis), all'interno della quale l'opera acquista il suo senso finale"(19),

trovando, appunto, una collocazione dialetticamente dinamica, in quelle che sono nuove rappresentazioni sociali. Una sorta di morfogenesi originaria, di quel percorso di 'civilizzazione' (*Zivilisation*), che molti autori considerano caratterizzante per l'occidente. Tragedia, fiaba-favola, romanzo si configurano così come gli svincoli di un intreccio che si produce fra estetica, ed arte, etica e mito(20), formazione del singolo e della collettività, attraverso il continuo veicola mento di quelle che sono le rappresentazioni sociali. Tanto che queste ultime si trovano così a occupare uno spazio intermedio fra quei sistemi di valori dati dalle grandi produzione mitico-narrative che però contribuiscono anche ad indirizzare le pratiche e le azioni di senso comune quotidiano e del vivere civile.

Compito di questo studio dovrebbe essere, appunto, quello di argomentare e descrivere tale intreccio, senza alcuna ambizione in merito a priorità eziologiche-generative, tentando di porre l'attenzione sugli aspetti comuni e ricorrenti nei tre generi narrativi.

Da Medea a Edipo e sua figlia Antigone, da Wilhelm Meister a Hans Castorp, da Amleto a Emilio, da Pinocchio a Toerless... è vasto il pantheon delle figure tipiche, dei personaggi che, direttamente o attraverso una argomentata rivisitazione o una 'torsione' più o meno debita, possono essere annoverati quali raffigurazioni emblematiche di questo intrecciarsi della materia formativa, educativa e pedagogica con la materia etica, estetica, artistica, attraverso il canovaccio del mito e del suo evolversi nella storia.

I capitoli inseriti in questo libro sono in parte inedite e in parte no. Il capitolo finale sul Romanzo di formazione in Italia e in Europa è una rivisitazione di una pubblicazione comparsa, pochi anni fa, su un numero della rivista di critica letteraria, teatrale e cinematografica *L'Abaco*, annuario diretto dal compianto Prof. R. Paternostro della facoltà di Scienze Umanistiche dell'Università "La Sapienza" di Roma, a sua volta questa pubblicazione costituiva un pò il risultato ultimo, ma spero non ancora definitivo, di una serie di saggi brevi pubblicati sulla rivista *"Studi di Storia dell'educazione"*, edita da Armando, negli ultimi anni ottanta e primi novanta, ovviamente, del secolo scorso, diretta dal Prof. F. Ravaglioli presso quella che era allora la facoltà di Pedagogia dell'Università "La Sapienza" di Roma.

Lo scritto su Pinocchio è stata scritta nell'anno 2010 e era destinata all'annuario *L'Abaco*, che le frattempo aveva però cessato la pubblicazione. Il primo capitolo sulla Tragedia invece è del tutto inedito e risale ai mesi di fine 2013, metà 2014.

NOTE

(1)   A proposito di formazione e delle sue potenzialità acquisitive, oggi in Italia, riguardo l'ampliamento del patrimonio personale di conoscenze, per la crescita non solo professionale e performativa dell'individuo, mi è sembrato interessante l'intervento di R. Ciccarelli *"La bolla formativa è esplosa. Educazione, disciplinamento e crisi del soggetto imprenditore"* in "Aut/Aut", n. 360, ottobre-dicembre 2013. Da p. 133 a 149.

(2)   H. Hauser *"Le teorie dell'arte: tendenze e metodi della critica moderna"*, Einaudi, Torino 1969, citato in M. Cimini *"Sociologia della letteratura"*, Editr. La Scuola, Brescia, 2008, p. 14.

(3)   Il Romanzo di Formazione, ha subito, nel tempo, diversi 'slittamenti linguistici' e semantici. Ci sono addirittura quotati studiosi della post-modernità italica, che, in maniera icasticamente sarcastica, e non tanto paradossalmente, hanno definito 'Bildungsroman per coatti' alcune trasmissioni televisive, espressione e rispecchiamento dell'egemonia sotto culturale, purtroppo, oggi dominante: talk show come "Amici", "C'è posta per te", "Uomini e donne". Cfr. M. Panarari, *L'egemonia sotto culturale. L'Italia da Gramsci al gossip,*Einaudi, Torino 2010, p. 85 e sgg.

(4)   L. Gioppato *"Noi siamo favole"*, Salani edit., Milano 2008

(5)   M.R. Parsi, Introduz. a L. Gioppato, ibidem, p. 6

(6)   M. Lavagetto Introduz. a I. Calvino *"Sulla fiaba"*, Mondatori, Milano 2009, p. 6

(7)   Cfr. Ibidem p. 19.

(8)   Si tratta di labili richiami, assonanze ed analogie che accomunano, in maniera occasionale i vari generi; Edipo ad esempio, compie un viaggio denso di presagi e di vicende esiziali verso Tebe; Giasone viaggia per mare; a sua volta Medea lascerà –viaggiando per mare- la natìa Colchide. Probabilmente però proprio queste 'somiglianze' e 'ricorrenze' lasciano molti dubbi sul significato effettivo, causale e anche sul loro configurarsi come attive strutture invarianti. Forse lo studio delle connessioni formali, degli isoformismi e delle strutture ricorrenti messi in campo da molti studiosi (Propp e Levi Strauss e altri), hanno, in qualche modo e in parte, fatto chiarezza in questa materia assai controversa, sgombrando il campo dalle generiche approssimazioni dettate, p.es. da una frettolosa lettura della vulgata di derivazione junghiana sugli archetipi, o anche la generica trasversalità ecumenistica ascrivibile alla hegeliana 'prosa del mondo', buona per ogni occasione vuoi per l'epica, vuoi per la prosa, la poesia, per il romanzo ecc. Comunque sul viaggio inteso anche come percorso iniziatico si può confrontare l'interessante volume di Emanuele Trevi *"Il viaggio iniziatico"*, edit. Laterza, Roma-Bari 2013
Altro nucleo tematico ricorrente mi sembra essere quello del dove si svolge l'esperienza formativa ed educativa, che spesso può assumere le connotazioni di una comunità (Comunità educante la *Gemeinbildungs)*, un microcosmo deputato dove vengono poste in essere le dinamiche educative-formative; uno spazio di elevazione, un *Lebenswelt*, contesto vitale dove prende vita la relazione educativa. La Provincia Pedagogica del Wilhelm Meister di Goethe, il sanatorio di Castorp o di Tomassino Puzzilli o di Gesualdo Bufalino. Costituiscono delle comunità con diversificate densità relazionali, fino ai luoghi meno circoscritti dove i rapporti faccia a faccia sono più rarefatti, informali e complessi: l'Istituto militare di Toerless, il borgo di Pinocchio nella campagna toscana del secolo scorso e, successivamente, il mitico paese della cuccagna (dei balocchii). La città anseatica dove avviene il percorso di crescita dei giovani Buddenbrock, il quartiere malfamato della Londra di Copperfield, il monastero di Castalia. Citè educative ante litteram è sicuramente la Polis, luogo deputato al raggiungimento della maturità civile e politica; topos fondamentale della Paideia, dove viene

pensata, scritta e rappresenta la Tragedia che immagina una città primigenia, archè della città stato: Tebe, dove maturano gli eventi che illustrano il sofferto passaggio fra l'ordine precedente, arcaico e pre-statuale, al nuovo, dal mito del culto quotidiano al mito 'festivo' istituzionalizzato, dal tempo circolare, stagionale e proto-storico, al tempo storico e lineare, comunità cittadine e non più tribali.

Ulteriore punto di riflession potrebbe essere considerato il bosco, la selva, la foresta che ricorre soprattutto nella fiaba-favola e che occupa un ruolo significativo nelle tradizioni religiose e popolari. Basterà, oltre l'immensa, sparsa ed eterogenea mole di informazioni sull'argomento, ricordare l'imponente studio di J. Frazer *"Il ramo d'oro"*, in particolare i capitoli dedicati alle divinità dei boschi aricini e nemorensi vicino Roma (importanti a tal proposito sono anche le note critiche di Wittgenstein*"Note sul 'Ramo d'oro' di Frazer"*, Adelphi, Milano 1982, in particolare p. 19 e sgg.). Bosco luogo di dimora e incantesimo, d'incontro fra uomo e divinità che vi dimorano; limite e confine sacro fra luogo del noi e l'esterno, fra l'interno luce e l'esterno notturno e ignoto. Ma il limite, come sostiene C. Sini (*"Il sapere dei segni"*, Jaca Book, Milano 2012, p. 11) è anche spazio relazionale, non solo 'cosa altra' e aliena, ma anche luogo e occasione dell'essere in relazione con la cosa. Quindi uno spazio-simbolo di passaggio e di relazione, di incontri e mutazioni. Va anche ricordato che l'idea di limite, di frontiera, soglia, demarcazione, confine ha avuto una certa "fortuna in antropologia culturale e in sociologia: basti pensare alla distinzione fra sacro e profano in Durkheim,o, in termini più diacronici, alla nozione di passaggio e di liminalità in Turner e in Van Gennep" (M. Augè *"Il dio oggetto"*, Meltemi edit.., Roma 2002, p. 67). Pinocchio nel bosco notturno fa esperienza di morte, dalla catabasi alla anabasi: con il successivo volo iniziatico sul dorso del piccione che lo ha liberato dal cappio degli 'assassini'. Bosco come espressione traslata di quello che G. Durand definisce "regime notturno", caratterizzato dal movimento di discesa e abbissamento (Pinocchio finisce anche nelle fauci del pescecane come Giona), che però potrebbe anche essere propedeutico all'inversione radicale rappresentata dall'aurora, dal "riveder le stelle", dal 'regime diurno' (Cfr. G. Durand *"Le strutture antropologiche dell'immaginario"*, Dedalo, Bari 1991, V° ristampa, da p. 193 a 235) Poi il boschetto labirinto floreale di *"Shining"*, oltre –ovviamente- i boschi misterico-iniziatici di Hans e Grethel, Pollicino e altre fiabe; ma anche il bosco disincantato e, comunque, inquietante, che limita le mura del sanatorio di Davos nel romanzo di Mann, la 'Selva' di Dante, il bosco delle Eumenidi di Edipo ecc. ecc.

(9)   P. Bertolini *"Dizionario di Pedagogia e delle scienze dell'Educazione"*, Zanichelli, Bologna 2001 pp. 303 e 204. Cfr anche M.R. Parsi op.cit. p. 7

(10)   U. Galimberti *"Dizionario di Psicologia"*, Utet, Torino 2006, p. 402.

(11)   Cfr. G. Turnaturi *"Signori e signore d'Italia: Una storia delle buone maniere"*, Feltrinelli edit. Milano 2012, pp.34 e 35.

(12)   Pinocchio è un personaggio dai requisiti universalistici"le cui gesta scritte da Collodi sono state   lette da milioni di lettori in tutto il mondo...milioni di lettori che hanno fatto di questo libro, che il suo editore considerava un'opera minore, l'opera più letta, più tradotta dopo la Bibbia e Don Chisciotte. P. Meirieu *"Frankenstein educatore"*, Ediz. Junior, Bergamo 2007, p. 41 L'esagerazione sta proprio nel dire che Pinocchio sia il più letto e tradotto dopo la Bibbia e don Chisciotte: il Corano, tanto per dirne una, è sicuramente più letto, interpretato e tradotto del pur notevole Pinocchio.

(13)   C. Gatto Trocchi, Introduz. a *"Fiabe di Roma e del Lazio"*, Mondatori Edit., Milano 1985, p. 16.

(14)   Anche Ernesto De Martino riferisce di una forma di 'tecnicizzazione del mito' a proposito della   ritualizzazione mitica utilizzata nella gestione del cordoglio e del lutto nelle culture mediterranee
pre cristiane. Una forma di organizzazione rituale che si sarebbe poi tramandata come una particolare tecnica del pianto anche e nonostante l'affermarsi successivamente di

manifestazioni diverse frutto dell'ethos cristiano-cattolico. Un uso funzionale del pianto per il superamento della melanconia e del cordoglio che si inscrive un'azione rituale circoscritta da un orizzonte mitico. Cfr E. De Martino *"Morte e pianto rituale, dal lamento funebre antico al pianto di Maria,* Ediz. Boringhieri, Torino 1977.

E' da condividere quanto E. Trevi ha scritto nella prefazione a c. G. Jung e K. Kerényi *"Prolegomeni allo studio scientifico della mitologia"*, Boringhieri, Torino 1972. "Il mito è la forma originaria con cui lo spirito di una cultura definisce sé stesso, è l'espressione diretta anche se non l'unica di quella visione del mondo e dell'esistenza che caratterizza unitariamente e inconfondibilmente una cultura". Così è possibile pensare al mito come rappresentante di una cultura, quasi suo ambasciatore presso altre culture, che al giorno d'oggi -al culmine del percorso di globalizzazione condotto dall'uomo attraverso i secoli- sono entrate in contatto confliggendo e anche contaminandosi.

Th. Wiesengrund Adorno, invece, ha proposto un mito che, contenendo in sé quell'elemento dialettico che gli consente di superarsi, rinnovandosi, si ripropone integro nelle nostre società sia a livello tragico e sacrificale (Olocausto), sia, d'altra parte,in maniera 'spensierata' e glamour, come i miti cinematografici e dicisticie dei più recenti mezzi multi mediatici. Comunque torneremo in seguito su questo argomento.

(15) Cfr. J. Dewey *"Educazione e arte"*,La Nuova Italia, Firenze 1977 e, in particolare, la Prefazione di L. Borghi e l'Introduzione di L. Bellatalla.

(16) S. Moscovici, citato in U. Galimberti, op.cit. p. 795. Per un approfondimento in materia Cfr. *"Il fenomeno delle Rappresentazioni sociali"*, in R.M. Farr, S. Moscoviti *"Rappresentazioni sociali"*, Il Mulino, Bologna 1989. Invece per un'articolata concettualizzazione socio-antropologica delle "rappresentazioni come condensati...e precipitati di senso che provengono dalla selezione progressiva di tratti accomunanti" nella attuale fase storica della massificazione mediatica e della globalizzazione, si può Cfr. L. Bini, *"Bandiere, antenne, campanili. Comunità immaginate nello specchio dei media"*, Meltemi, Roma 2005, il cap. I° "Rappresentazioni" da p. 18 a p. 58, la citazione è a p. 33.

(17) J. Ries *"Il Mito ed il suo significato"*, Ediz. Jaca Book, Milano 2005, p. 25 e sgg. L'analisi che questo autore, storico delle religioni, propone in questo suo volume è molto articolata e tiene conto delle diverse accezioni usate per definire il termine e il concetto di mito. Fin dalle prime pagine egli distingue due accezioni generali e sintetiche, la prima è quella di parola, linguaggio, conversazione, forma di pensiero, messaggio, la seconda invece sta a significare racconto (prodotto da un pensiero e da una credenza collettiva) e narrazione (trama di una favola, di un racconto dai caratteri cosmogonici, leggendari e favolosi, o, ancora, di una tragedia o commedia oppure anche il testo di una legge di carattere fondativo per una società). Cfr. da p. 21 a 26.

(18) S. Gensini *"Elementi di Semiotica"*, Carocci edit., Roma 2013, p. 130.

(19) F.Ronzon *"Antropologia dell'arte"*, Meltemi edit., Roma 2006, p. 142.

(20) E' importante ricordare anche, solo di sfuggita, lo studioso tedesco E. Cassirer, la cui importante e corposa opera verte, in gran parte, sulle organizzazioni simboliche prodotte dai miti, che nel processo di civiltà hanno dato vita alle 'forme spirituali' attuali. Il passaggio dal Mithos al Logos e all'Ethos ha comportato la formazione del linguaggio e della scrittura, del diritto e dell'arte, oltre le varie scienze 'naturali', umane e sociali (fra queste ultime sarebbe possibile annoverare anche le scienze che si occupano dell'educazione e della formazione). Ciascuna di queste, comunque, "si presenta avvolta −in forma più o meno manifesta- da una qualche raffigurazione del mito"(G. Raio *"Introduzione a Ernst Cassirer"*, Laterza, Roma-Bari 1991, p. 86 e sgg. Secondo il filosofo di Breslavia, l'estetica e l'arte (quindi anche la letteratura) mostrano, fin dai loro inizi, concrescere con il mito; quest'ultimo con il linguaggio e l'arte costituisce, inizialmente, "una concreta ed ancora indivisa unità, la quale...poco alla volta si scompone in una triade di attività...formative indipendenti" (E, Cassirer *"Linguaggio e Mito"* Il Saggiatore, Milano 1961, p. 143.

BIBLIOGRAFIA

1) M. Augé, *"Il Dio oggetto"*,Meltemi, Roma 2002.

2) P. Bertolini, *"Dizionario di Pedagogia e delle Scienze dell'Educazione"*, Zanichelli, Bologna 2001.

3) L. Bindi, *"Bandiere, antenne, campanili. Comunità immaginate nello specchio dei media"*, Meltemi, Roma 2005.

4) I. Calvino, *"Sulla Fiaba"*, con l'introduzione di M.Lavagetto. Mondadori, Milano 2009.

5) E. Cassirer, *"Linguaggio e Mito"*, Il saggiatore, Milano 1961,

6) R. Ciccarelli, *"La bolla formativa è esplosa. Educazione disciplinamento e crisi del soggetto imprenditore"*, in "Aut/Aut", ottobre/dicembre 2013.

7) M. Cimini, *"Sociologia della letteratura"*, La Scuola, Brescia 2008.

8) E. de Martino, *"Morte e pianto rituale. Dal lamento funebre al pianto di Maria"*, Boringhieri, Torino 1977.

9) J. Dewey, *"Educazione ed arte"*, prefazione di L. Borghi, introduzione di L. Bellatalla. La Nuova Italia, Firenze, 1977.

10) G. Durand, *"Le strutture antropologiche dell'immaginario. Introduzione all'archetipologia generale"* Dedalo, Bari 1991.

11) J. Frazer *"Il Ramo d'oro"*, Boringhieri, Torino 1999.

12) U. Galimberti, *"Dizionario di Psicologia"*, U.T.E.T., Torino 2006.

13) C. Gatto Trocchi, introduzione a AAVV, *"Favole di Roma e del Lazio"*, Mondadori, Milano 1985.

14) S. Gensini, *"Elementi di semeiotica"*, Carocci, Roma 2013.

15) L. Gioppato, *"Noi siamo favole"*, Introduzione di M. L. Parsi, Salani, Milano 2008.

16) A. Hauser, *"Le teorie dell'arte, tendenze e metodi della critica moderna"*, Einaudi, Torino 1969.

17) C. G. Jung e Karoly Kerényi, *"Prolegomeni allo studio scientifico della mitologia"*, Prefazione di M. Trevi, Boringhieri, Torino 1972.

18) P. Meirieu, *"Frankstein educatore"*, Junior, Bergamo 2007.

19) S. Moscovici, *"Rappresentazioni sociali"*, Il Mulino, Bologna 1989.

20) M. Panarari, *"L'egemonia sotto culturale. L'Italia da Gramsci al gossip"*,Einaudi, Torino 2010

21) G. Raio, *"Introduzione ad Ernst Cassirer"*, Laterza, Roma-Bari 1991

22) J. Ries, *"Il mito e il suo significato"*, Jaca Book, Milano 2005.

23) F. Ronzon, *"Antropologia dell'arte"*, Meltemi, Roma 2006.

24) E. Trevi, *"Il viaggio iniziatico"*, Laterza, Roma-bari, 2013

25) L. Wittgenstein, *"Note sul 'Ramo d'oro' di Frazer"*, Adelphi, Milano 1975.

LA TRAGEDIA. DESTINO, FATO, MITO E TECNICA EDUCATIVA

*"Sono passati circa duemilacinquecento
anni da quando in Grecia si scrivevano
bellissimi poemi…Questi antichi poemi
sono talmente umani da essere ancora
molto vicini a noi e possono interessare tutti"*

Simone Weil
"Il racconto di Antigone e Elettra", (ed. Il Melangolo)

Il debutto della Tragedia

Nietzsche situa la nascita della Tragedia nell' ambito costituito da quelle che erano le rappresentazioni collettivo-sacrali delle festività e delle pratiche rituali dedicate a Dioniso. Nel V° secolo, alcuni tragediografi, fra i quali i classici Eschilo, Sofocle ed Euripide, diedero una definizione trascritta di queste attività declinandole in forme drammaturgiche, riformando quella che era stata la precedente espressione narrativa del linguaggio epico e delle espressioni poetico-ditirambiche. Con la stesura di un testo e con la successiva rappresentazione pubblica, il contenuto tragico acquisì, da subito, una valenza e una codificazione etico-educativa, oltre che –ovviamente- letteraria e poetica. Il testo tragico, nella Grecia classica, sarebbe così il risultato ultimo –dopo una serie di passaggi- di una rievocazione 'incivilita' di più antichi racconti cultuali, che si caratterizzava, oltre che per il suo riscontro etico-normativo-educativo, anche per la sua spiritualità di ispirazione mitico-sacrale legata ai culti dionisiaci o a quello che ne rimaneva. Il testo scritto si contraddistingueva così anche politicamente per il suo respiro 'democratico', pubblico e il suo 'uso' civile, mentre sul piano estetico, la tragedia poteva essere annoverata fra le arti dette mimetiche, considerate illusorie e vane da Platone, a differenza di Aristotele che ne dava, invece, una lettura prescrittivistica ed emblematica, nel senso che la storia rappresentata narrava una vicenda verosimile e rappresentativamente paradigmatico-imitativa di quegli aspetti buoni e belli (*Kalokagathia:*

Kalòn, bello, benfatto, e *àgathon,* buono*)* idealizzati dalla cultura e dal grado di civiltà della *Koiné* Greca di quel periodo. Di fatti Aristotele definisce la tragedia come *"mimesis* di un'azione seria e compiuta in sé stessa...; in un linguaggio abbellito..,in forma drammatica e non narrativa, la quale, mediante un a serie di casi che suscitano'pietà e terrore', ha per effetto quello di sollevare e purificare l'anima da siffatte passioni"(1). Una forma d'arte di carattere drammatico per distinguerla da quella che era la Commedia, anch'essa, secondo Aristotele, una forma d'arte mimetica, ma che -a differenza della tragedia che aveva anche uno scopo educativo-formativo in termini di nobiltà, bellezza, virtù e coraggio- voleva, viceversa, mostrare l'aspetto irrisorio, ironico, satirico, grottesco ed imperfetto, della condizione umana.

Alcuni aspetti della tragedia classica come appunto la *mimesis* (imitazione) o la *katharsis* (purificazione), trovano "un'applicazione generale nell'Estetica perché definiscono il fine e gli effetti dell'arte"(2) cosi come la trovano nella definizione e ridefinizione di quello che è l'Ethos inteso come condivisione normativa, rappresentazione collettiva di un'entità nazionale che da un certo stadio passava a uno stadio, se vogliamo, più evoluto: a una formazione sociale di tipo statuale, con le sue istituzioni riconosciute, che aveva bisogno di confermare la sua legittimità e la sua sovranità. Confermare sé stesso, non solo attraverso narrazioni orali facenti parte di un 'canovaccio' di carattere epico, legate alla presenza del mito e alla sua osservanza e ritualizzazione, ma anche attraverso costrutti condivisibili che avessero valenza giuridico-normativo e una qualità di carattere letterario; il tutto 'oggettivizzato' in forma scritta tramandabile, trascrivibile e interpretabile. Secondo Aristotele la tragedia (ma molte di quelle che allora erano considerate le arti), oltre la purificazione catartica, cioè alla liberazione e al controllo 'tecnico' degli eccessi emotivi e delle passioni 'forti', aveva anche il compito di procurare piacere e distrazione, sempre però in vista di quel perfezionamento morale, di quella formazione del singolo e della collettività; a differenza,per esempio, dei pitagorici che invece consideravano l'arte nella sua funzione catartica e di rigenerazione psichica. E, d'altra parte, come dicevamo, anche a differenza di Platone (3), che considerava soprattutto l'arte mimetica falsa, fuorviante priva di quel contenuto etico-morale che invece l'arte doveva necessariamente possedere e che lui attribuiva solo alla musica, alla metematicageometria e alla retorica. La forma più accessibile e coralmente realizzabile era quella teatrale-drammaturgica che consentiva, appunto, l'esperienza condivisa e pubblica della catarsi; si attuava così una mediazione fra l'istituzione e le istanze emotive che richiedeva l'utilizzo di referenti mitici opportunamente simbolizzati e metaforizzati (in parte già de-sascralizzati), attraverso un processo di ritualizzazione e disciplinamento non soltanto rispetto all'individuo, ma anche rispetto la collettività-comunità-Polis. Ciò consentiva anche di porre in essere quel potenziale riflessivo (riflessività e auto riflessività) che da allora iniziò ad essere un tratto della formazione dell'uomo occidentale, come vedremo.

"La catarsi simbolica è questo trasferimento in cui è anche la trasformazione del maleficio in beneficio...La comunità primitiva si difendeva da questa minaccia trasferendola sulla vittima espiatoria"(4), la comunità della città-stato cerca –invece- di realizzare la catarsi attraverso il compatimento collettivo, e tragedie come Edipo re ed Edipo a Colono, ci mostrano come sia ora fuorviante veicolare la colpa sul singolo, individuare di volta in volta il rimedio, il dispositivo farmacologico sull'innocente. Edipo, come vedremo, respinge il suo destino di *pharmakoi,* di vittima designata. La normatività codificata, lo stato, la realtà sociale democratica non consentono più la aleatorietà della colpa, la casualità dell'operare del fato e della violenza irrelativa. E' questo il primo passo di quel processo di civilizzazione ipotizzato e idealizzato sia nel Rinascimento, come nell'Umanesimo e dai Lumi, di cui parla N. Elias, e di cui oggi, nel pieno giungere a maturazione della modernità, non sembra aver raggiunto ancora approdo e compimento.

Così la catarsi non può essere intesa riduttivamente, come dinamica psicologica o psicologico-sociale, ma va piuttosto intesa come costrutto culturale e di carattere polivalente, civilmente identificabile, da coltivare e incrementare con appositi costrutti formativo-educativi.

A tal proposito A. Hauser parla della tragedia classica

"come la creazione più caratteristica della Democrazia ateniese, in nessun altro genere si esprimono con tanta chiarezza e immediatezza le intime contraddizioni della sua struttura sociale, Nelle sue forme esteriori, il suo rivolgersi a un grande pubblico, sono di carattere democratico; ma aristocratico è nel contempo, il mito eroico e il senso eroico-tragico della vita. Fin dall'inizio la tragedia si rivolse ad un pubblico numeroso e più vario di quello del Carme eroico, destinato ai nobili convivi, e forse anche a quello dell'Epos; d'altra parte essa è tutta ispirata all'etica della grandezza individuale, dell'uomo nobile, fuori del comune, incarnazione della *Kalokagathia*. Essa deve la propria origine al contrapporsi del corifero al coro e al trapasso della forma corale del canto alla forma dialogica del dramma, e cioè a motivazioni essenzialmente individualistici; la sua efficacia presuppone, d'altra parte, un forte senso della comunità, un vasto livellamento di ceti relativamente estesi; e può attuarsi nelle sue forme genuine solo come esperienza di massa. Certo anche la tragedia si rivolge ad un pubblico scelto che, nel migliore dei casi, è formato dall'insieme dei cittadini *optimo jure*, e non ha quindi una composizione molto più democratica delle classi dominanti della Polis"(5)

Infatti la *Kalokagathia* e l'*Aretè*,nell'ambito della Paideia rappresentano quelle qualità che possono essere definite proprie per le sue caratteristiche pubbliche, nonostante la loro natura aristocratica

"La parola *Aretè*,aveva in origine denotato la prodezza guerresca...un'era successiva, non trovò difficile trasformare il concetto di nobiltà adattandola a idealtipi più alti, e la parola stessa dovette acquisire un significato più ampio per soddisfare questa idea in continua evoluzione"(6).

L'*Aretè* si ritrova così ad assumere un carattere allargato, forse meno distinto, ma rappresentativo e condiviso dall'intera comunità (7) e della *Paideia* comunitaria, per acquisire queste qualità etico-pedagogiche le indicazioni prescrittive intrinseche nell'*Aretè* (e nella *Kalokagathia*) devono essere iscritte in un orizzonte nomotetico e divenire, attraverso la proposizione ripetuta e istituzionalizzata al pubblico, una pratica di vita riconosciuta da tutti, anche da quelli che per censo e ceto non potevano condurre, nella vita pratica e quotidiana, uno stile di vita altolocato. Esse venivano a costituire dei modelli precettistici, delle tecniche e pratiche educative per i nobili stessi e le classi agiate e, contemporaneamente, dei modelli di riferimento per i non nobili, così che queste istanze si costituivano come rappresentazioni sociali adatte e adattabili alla nuova condizione di vita democratica e statuale, a quel presunto, nuovo livello di incivilimento, che aveva "licenziato definitivamente le false rappresentazioni degli dei mediate dalla tradizione"(8)

La filosofia educativa della Tragedia

Il tragico come sentimento e condizione umana trova la sua espressione attraverso molte forme e molti canali di carattere artistico ed estetico-creativo; la sua versione d'eccellenza e di tipo plastico, drammaturgicoteatrale è la Tragedia, quella che Aristotele nella *Poetica* definisce come una "imitazione di vicende che suscitano pietà e terrore e che mettono capo alla purificazione di tali emozioni"(9). Purificazione (*Katharsis)*, che è tale solo se convissuta empaticamente dagli spettatori, dalla compassione pubblica, così la pietà e il terrore –che tale rappresentazione suscita- viene trasformata in un sentimento collettivo e pubblico di carattere positivo e costruttivo.

L'interpretazione della condizione tragica vissuta come esperienza personale ed individuale o trasmessa attraverso la drammaturgia, ha seguito, nei secoli, diversi canali, che poi, nel pensiero moderno si sono concretizzati schematicamente in diverse concezioni artistiche, filosofiche ed educative. La concezione hegeliana che vede la rappresentazione del tragico come forma artistica e il tragico come vissuto esistenziale, come conflitto continuamente risolto e superato determinando il ripristino dell'armonia originaria attraverso –appunto- la risoluzione e il superamento dialettico della contraddizione come particolarità unilaterale destinata ad essere 'assorbita' nella sintesi finale, producendo così una dinamica processuale di tipo progressivo, che consente non il venir meno automatico della tensione conflittuale ma la negazione della negazione, una giustapposizione superiore di convergenza dei contrari. Attraverso questa soluzione le ragioni della progressività, della giustizia, di ponderazione delle istanze etiche vengono ristabilite storicamente, mentre 'l'accidente', lo *Skandalon*, la particolarità individuale e unilateralmente contraddittoria viene ad essere superata ma non distrutta ed eliminata, essendo poi proprio questa particolarità il motore del processo progressivo che costituisce, nel caso della Tragedia, il suo fascino di verità e bellezza(10).

Secondo Schopenhauer, e tutto il successivo filone inerenti le posizioni filosofiche di tipo esistenzialistico, il tragico è irrisolvibile essendo parte insopprimibile della condizione di vita dell'umanità. Il tragico è connaturato al vivere, e la Tragedia è la rappresentazione esemplare di questa irriducibile inconciliabilità;

"è il dolore senza nome, l'affanno dell'umanità…la schernevole signoria del fato maligno dei giusti e degli innocenti…L'unico atteggiamento possibile è quello della rassegnazione e della disperazione"(11).

Una concezione che ricalca quella di Pascal come fa notare L. Goldman, che parla infatti di pensiero tragico a proposito del pascaliano individuazione del carattere irriducibilmente contraddittorio e non ricomponibile dell'esperienza, che poi il contemporaneo L.Pareyson evidenzierà quale caratteristica peculiare artistico-estetica della rappresentazione drammaturgica della Tragedia che non ha –come invece vorrebbe Hegel- la superabilità e la ricomposizione dialettica quale caratteristica connotativa. La contraddizione tragica è –al contrario- insuperabile, abissalmente problematica e conflittuale; ma proprio in virtù di queste caratteristiche riesce anche a porsi come esperienza di formazione e maturazione, di riflessiva consapevolezza e presa di coscienza.

Seguendo la riflessione di N. Abbagnano incontriamo quella che è l'interpretazione di Schiller, il quale concepisce il tragico (e la sua rappresentazione artistica: la Tragedia) come una manifestazione della poesia sentimentale, che rappresenta il conflitto fra il reale e l'irreale, al contrario, ma speculare, rispetto la Satira, che prende invece a suo oggetto il reale trasfigurandolo al fine di renderlo, anche cinicamente, più accettabile a scapito però delle istanze etiche, invece sono connaturate –con le loro rilevanze educative- nell'esperienza tragica sia vissuta sia rappresentata sulla scena teatrale o letteraria.

Nietzsche vede nella Tragedia il trasfigurarsi dell'assurdo e del terribile, connaturato –come vorrebbe Schopenhauer- nella stessa condizione umana (12), che si traspone nello spirito dionisiaco, il quale, a sua volta permetterebbe, attraverso la rappresentazione tragica, di dare configurazione estetica ed educativa all'eccezionalità, all'estremizzarsi del sentimento e all'anticonvenzionalismo. A differenza dell'Epica dove il conflitto si esplica attraverso la scelta che di per sé implica il sacrificio e la rinuncia dolorosa, la tragedia è dionisiaca perché rappresenta l'eccesso vertiginoso, la metamorfosi e la dismisura dell'acme del *Polemo*s e dell'enigma che non è rinunciante ma conflittualmente agonistico.

Ma la tragedia è anche apollinea, come lo sono tutte le arti plastiche e rappresentative-figurative, le quali però a loro volta, per l'appunto, non escludono del tutto l'elemento dionisiaco(13): l'arte teatrale, musicale, coreografica, che si configurerebbe anche come 'opera totale', è prevalentemente dionisiaca pur non escludendo affatto vari elementi apollinei.

"L'arte dello scultore, apollinea, e l'arte figurativa della mimica, quella di Dioniso: due impulsi così diversi che procedono... però ...l'uno accanto all'altro...in aperto dissidio fra loro e con eccitazione reciproca...perpetuando quelle antitesi che il comune termine 'arte' solo apparentemente supera"(14)

Accanto alla necessità estetica è reciproca la necessità etica,

"a causa del suo titanico amore per gli uomini, Prometeo dovette essere lacerato dagli avvoltoi; per la sua eccessiva saggezza che sciolse l'enigma della sfinge, Edipo dovette precipitare in un travolgente vortice di atrocità"(15).

Altruismo etico, lotta contro il destino avverso, vortice di atrocità, una condensazione e concatenazione di effetti che determina la radicalizzazione della contraddizione e del conflitto, di cui l'eroe emblematico è portatore e che paga di persona: un po' come l'esemplare vicenda umana del filosofo tedesco

"la cui importanza non sta tanto nel fatto che egli abbia scritto opere pedagogiche...bensì nella considerazione che egli stesso si presenta essenzialmente quale uomo tipico e formatore di uomini, genio ed educatore...msestro del superuomo---come potenza spirituale"(16)

L'interpretazione di K. Jaspers risente, almeno in parte, della concettualizzazione nietzscheana depurata però da ogni riferimento alla metafora del superuomo. Un'interpretazione, quella di Jaspers, che si inscrive nel solco delle correnti vitalistiche, da un lato, e fenomenologico-esistenziali dall'altro: Bergson e De Unamuno, ma soprattutto Scheler, Schutz e Cantoni, i quali, ciascuno a suo modo, sottolineano gli aspetti umani che distinguono la tragedia dall'epica: quest'ultima –secondo Jaspers- esprime il conflitto fra bene e male, nel tragico invece il conflitto è fra beni diversi, cioè fra valori eterogenei tra i quali la scelta che si impone è dolorosa e senza alternativa; oppure, "la tragedia di Sofocle, che si fonda sul convincimento che esiste un ordinamento divino del mondo che fa si che talvolta l'innocente debba pagare il fio di una colpa commessa da altri"(17).
K. Jaspers indica, successivamente, diverse manifestazioni del sapere tragico che si sono espresse storicamente...dalle storie degli eroi

dell'epoca di Omero, le saghe islandesi e varie leggende di tutti i popoli . La Tragedia greca classica e quella moderna d'ispirazione cristiana con Calderon e Racine, Shakespeare e Goethe, Lessing e Schiller in ambito nord e mitteleuropeo e l'esperienza vissuta di persona narrata da Dostojevsky, Kiekegaard, Kafka e Nietzsche(18). A questi penso possano essere aggiunti altri autori contemporanei che si sono rifatti direttamente o indirettamente, implicitamente o esplicitamente al genere tragico: Cocteau, Ibsen, Strindberg, Artaud, Hofmannsthal, Ciòran (che, mi sembra dia, al tragico una torsione nichilistica) e altri (19)

Sempre secondo Jaspers la tragicità è là dove le potenze che entrano in conflitto sono tutte nel vero, ciascuna dal suo punto di vista. Lo scindersi del vero, o la non unità della verità, è una scoperta fondamentale del sapere tragico(20). L'eroe tragico vive in una atmosfera che è tragica, realizzandosi nel bene dopo essersi annientato attraverso il male, costantemente spinto dalla frenesia di vivere situazioni limite e radicalmente contrastanti. Situazioni che spesso vengono a determinarsi per opera dell'eroe stesso o di altri protagonisti compagni di destino; altre volte invece, è la potenza esterna trascendente che agisce e incombe, il protagonista si interroga paralizzato, annichilito e immalinconito (soprattutto nella tragedia moderna) sulla scelta da compiere e sugli esiti estremi di una scelta pregressa compiuta da altri dei quali lui è l'epigono inconsapevole ma drammaticamente coinvolto.

Egli non patisce solo miserie, rovine e sciagure, ma ne anche consapevole in maniera lacerante e senza possibilità di vie d'uscita;

"la tragedia, -infatti- rappresenta l'uomo nella trasformazione che subisce attraverso la situazione limite. Nella lotta diventa consapevole…esperisce la propria colpa e pone la questione dell'esser vero"(21)

Fino a liberarsi dal tragico nel tragico stesso, e proprio questa liberazione comporta una presa di coscienza e conoscenza, un mutamento rispetto lo stato esistenziale anteriore, tappa fondamentale del percorso formativo.

Max Scheler, filosofo e sociologo tedesco, vissuto fra otto e novecento, mette l'accento sul conflitto fra valori inalienabili che si presentano nella trama della vicenda tragica. Si può infatti parlare di tragicità solo in riferimento ai valori, ai loro rapporti e i conflitti che si determinano da questo rapportarsi radicale e irriducibile.

"La superiorità di un certo valore (missione, vocazione compito) non può affermarsi, nel tragico, se non mediante la distruzione, da parte di una persona, del valore incarnato da un'altra persona, senza che una delle due abbia ragione o torto…Entrambi i contendenti hanno -incondizionabilmente- ragione"(22)

La tragicità non va confusa con la ricerca più o meno affannata della possibilità di trovare una via d'uscita al dilemma, di poter esercitare una facoltà di scelta. La scelta è assunta come cifra ontologica portata alle estreme conseguenze, è una costrizione fatale del destino, dalla quale non si sfugge né si torna indietro. Nasce in parallelo

"del conflitto fra eternità e oggettività dei valori da un lato, e casualità ed irrazionalità degli eventi dall'altro. Se tutto il reale fosse razionale (Hegel) o irrazionale (Schopenhauer), non potrebbe esistere il tagico, il quale, invece, nasce dal conflitto fra razionalità dei valori e irrazionalità della Storia"(23)

S. Kierkegaard evidenzia come la componente tragica alligni nell'animo umano e nelle modalità estetiche del vissuto, le quali, a loro volta, non possono darsi senza la presenza di modalità e stili di vita di carattere etico. Dimensione estetica e dimensione etica sono pertanto in costante e imprescindibile rapporto dialettico, una dialettica che si mantiene in vita senza trovare alcuna sintesi risolutoria. Un po' come in Nietzsche, la dimensione estetica ed etica risultano connesse da una reciprocità complementare e inscindibile anche se poi il filosofo tedesco aveva come punto di riferimento il discutibile punto di viste etico del superuomo: un'etica improbabile e 'difficile' da praticare in una democrazia di carattere occidentale e post moderna come quella in cui ci troviamo a vivere e inconciliabile, nella tragedia greca, con il ruolo fondamentale giocato con il divenire casuale e imponderabile del soverchiante fato (24).
Diversi appaiono quindi gli elementi che convergono a porre a fondamenta

"della tragedia antica, secondo … Kierkegaard…l'assenza di quella libertà che costituisce, invece, il carattere del moderno soggetto etico…Nella modernità il Tragico è morto proprio perché il soggetto, di cui si enfatizza l'indipendenza…si slega da tutti quei vincoli sostanziali pre-destinanti, quali la famiglia, lo stato, la società, che costituivano lo specifico materiale della tragedia antica. Un soggetto moderno è per Kierkegaard…del tutto astratto, proiettato com'è fuori dalla storia e sciolto da quella determinazioni…che non essendo frutto della sua libera scelta ne condizionano e ne limitano la libertà"(25).

La tragedia moderna può prendere vita, come vedremo, quando l'elemento aleatorio-fatalistico, a seguito di circostanze sovradeterminanti e alienanti, sovrasta la volontà del soggetto, e ne prendono il sopravvento, quando cioè la libertà e l'indeterminazione tipica della modernità, vengono contingentemente meno, quando gli eventi concedono una deroga; le società cristiane peraltro, fino alle soglie dell'illuminismo, e anche oltre, conoscono il sacrificio e hanno ben poca dimestichezza con la tragedia a meno che quest'ultima non venga identificata tout-court con il sacrificio e il martirio. Il sacrificio di Abramo, dei santi, dei martiri e di Cristo stesso a redimere il tragico e il credente pentito: nella tragedia c'è dolore, rammarico, orrore, ma non un vero e proprio pentimento, così almeno come lo intendiamo noi; Edipo a Colono si rammarica e ha dei rimpianti nei confronti del fato e degli dei che gli riservarono un destino così atroce, ma non vi è alcun pentimento, come non di è in Prometeo, o in Elettra o Medea e altri. Il pentimento è la nuova catarsi del cristiano, esperienza individuale del singolo che richiede più che altro condivisione e concorso, ma poco compatimento, il pentimento lo libera dai tormenti e dai giochi aleatori del fato e del caos, pentimento che rende così la tragedia malinconica nostalgia(26).
L'oggetto tragico, secondo W. Benjamin non è la storia o il dramma personale dei protagonisti, ma è il mito che si incarna nelle vicende del personaggio, di un 'dramma personale' che si fa portatore e promotore dell'azione tragica che coinvolge la famiglia, la stirpe e la città.

"Le *drammatis personae* derivano il loro rango tragico non dal ceto…ma dalla preistoria della loro stirpe, del loro passato eroico…Non è la lotta con il dio o con il destino, bensì la conservazione delle virtù principesche e la messa in scena dei propri vizi, la gestione degli intrighi diplomatici e le manovre dell'alta politica"(27).

Medea come Edipo e sua figlia Antigone, e poi i protagonisti del dramma barocco (nel quale Benjamin ritrova molti aspetti della tragedia greca classica (28) come quelle di Shakespeare sono il precipitato di antiche vicende irrisolte, dolorose e drammatiche lacerazioni sofferte per lo più senza colpe a livello personale, colpe che si tramandano da generazione a generazione. La stirpe dei Labdati è segnata fin dalle sue origini: da Labdaco a Laio, da questo ad Edipo e poi Antigone, come poi anche Amleto e la sua famiglia ecc. Le caratteristiche di queste 'tare famigliari', di antichi 'scheletri nell'armadio' e maledizioni generazionali, a parere di Benjamin, ricorrono come elemento genetico della tragedia, ma anche della fiaba, in parte del Romanzo, oltre a molti capitoli drammatici del teatro rinascimentale italiano e dello *Sturm und drang* tedesco, oltre poi alcune opere di Calderon, Racine e Schiller (29)

Di padre in figlia

Anche Edipo, come quasi tutti gli eroi tragici, proviene da una stirpe che affonda le sue radici nel mito cosmogonico e fondativo: il suo avo è Cadmo, mitico fondatore di Tebe, figlio di Agenore re di Tiro e fratello di Europa. Sono figure semi-divine che vivono in un tempo metastorico, il tempo dell'*Ayon,* in una pre-storia che inizia a darsi una direzione storica, da una presenza mitica a una presenza temporale progressiva; dal caos al cronos e loro sono collocati proprio all'inizio di questo percorso, e, in qualche modo, ne sono i fautori. Un percorso che sembra instradarsi e a rappresentarsi principalmente con la figura Antigone. E' con lei che la Legge degli uomini si consolida, istituzionalizzandosi e codificandosi in maniera coeva a quelle che sono le norme etico giuridiche sulle quali la *Polis* stabilizza le sue fondamenta. Il passaggio è ben rappresentato nella vicenda tragica rappresentata con *Edipo Re* e la successiva *Edipo a Colono*. Nella prima Edipo non ha scuse, non può appellarsi a nessuna garanzia, e assume su di sé le colpe punendosi con l'accecamento utilizzando la fibbia della cintura di Giocasta, la quale, invece si suicida. Nella seconda, la scena si sposta da Tebe, città testimone delle sue colpe, a Colono, villaggio non lontano da quella stessa città, ma che rappresenta per lui un rifugio, una sorta di buen ritiro dove terminare i suoi giorni e ripensare alle vicenda della sua vita. A tal proposito dichiara, con il senno di poi, di essere incolpevole e di essere stato uno sventurato al quale è stato assegnato, ingiustamente, un fardello del quale non aveva alcuna responsabilità.

"Nel tempo ha maturato l'idea che solo chi ha agito volontariamente è colpevole e responsabile delle sue azioni, superfluo dire della importanza di questo tema della maturazione del pensiero etico e giuridico", che perviene così a una laicizzazione e immanenza mondana e storica (30).

La vicenda di Edipo si inscrive, come dicevo, nella saga di una stirpe che si tramanda, di generazione in generazione, attraverso vicende atroci e cruenti. Prima della sua nascita l'oracolo di Delfi profetizza al padre Laio che il nascituro, da adulto, lo avrebbe ucciso unendosi con la madre, sua moglie Giocasta, salendo, infine, sul trono di Tebe. Laio allora fa legare il neonato per i piedi (Oedipus etimologicamente significa 'piede gonfio') e lo fa portare, da un suo schiavo, sul monte Citerone, per essere ivi abbandonato andando incontro a morte sicura. Un pastore però lo raccoglie e lo porta a Corinto dove venne adottato dal re Polibio e sua moglie, Meropa che non poteva avere figli. Edipo, adolescente, si reca a sua volta a consultare l'oracolo di Delfi, il quale gli profetizza di nuovo che avrebbe ucciso il padre e giaciuto con la regina sua madre. Per sfuggire a questa orribile profezia, Edipo non fa ritorno a Corinto, ma inizia un lungo periodo di vagabondaggio e giunto

"nei dintorni di Tebe, Edipo incontra il padre Laio a un crocevia, e senza riconoscerlo come tale, lo uccide per un banale diverbio. Successivamente incontra la Sfinge, un mostro dalla testa di donna, il corpo da leone, le ali da aquila, la coda da serpente che divora tutti coloro, specialmente giovani, che non sanno risolvere il suo enigma: chi sia quell'essere che ha un'unica voce e talvolta ha due piedi, talvolta tre, talvolta quattro, e quanto più è debole quanto più numerosi sono i suoi piedi. Risolvendo l'enigma Edipo costringe la Sfinge a gettarsi nel baratro e libera così Tebe da quella maledizione e vi entra accolto come trionfatore; con il consenso dello zio Creonte (fratello della madre), sposa Giocasta rimasta vedova, diventa re e ha da lei quattro figli due maschi e due femmine"(31).

L'uccisione del Re da parte del figlio è un altro tema ricorrente e comune nell'evoluzione storica del mito, nel folclore così come nella fiaba e nella favola; J. Frazer ne *Il Ramo d'oro* analizza questo riproporsi e lo ricollega al tema ancestrale dell'uccisione del padre-re, che è alle origini del mito e del potere patriarcale, oltre al fatto che il re, invecchiando, perde forza e potere e anche le virtù magico-terapeutiche che erano connaturate al suo stesso essere re. Un tema che ricorre nel folclore, come fa notare W. Propp (32). La morte del re è annunciata da oscure profezie, e

"la profezia è assolutamente estranea ai popoli che non conoscevano lo Stato e la profezia –inoltre– compare sempre insieme con il potere patriarcale"(33).

L'assolutismo previsto nel mito patriarcale testimonia e ne è concausa della nascita della forma statuale (superamento delle società tribali e claniche), ridimensionamento e istituzionalizzazione del patriarcato, che perde così le sue connotazioni sacrali per assumere quelle laico-istituzionali) trovando, successivamente, nella tragedia forma narrativa ed espressiva, funzionalizzando a questo nuovo assetto anche l'attività educativa-socializzativa-formativa, che diventerà poi nel periodo Pericleo ed Aristotelico anche rappresentatività etico-normativa oltre che artistico-espressiva.

Anche il tema della Sfinge è un tema ricorrente. G. Durand respinge come probabilmente verosimile, ma, tuttavia riduttiva l'interpretazione pansessualistica di questa figura (34), che costituisce tra l'altro una rappresentazione di

"una teriomorfia, di un riassunto di molti simboli sessuali...legato al destino incestuoso di Edipo. L'animale in generale e la Sfinge in particolare sarebbero una massa di libido incestuosa...Ma il senso primo dell'immagine teriomorfa è più primitivo e più universale dell'angusta spiegazione freudiana della libido"(35).

L'ibrido teriomorfo rimanda a configurazioni primitive ed arcaiche; dinamicizzando e adattando questo reperto archetipico possiamo accostarlo all'immagine del drago che in molte aree dell'occidente rappresenta la voracità demoniaca e insaziabile del male bestiale e ferino. Dalle saghe nordiche (Sigfrido), alle vicende narrate dal folclore più o meno 'fiabizzato' e religioso; si pensi alle diverse versioni ingenue dell'eroe, che può anche essere santificato, che uccide il drago, liberando la fanciulla dal vincolo sacrificale oltre la popolazione che viveva in balia del mostro. In oriente invece, e soprattutto in Cina, il drago impersona la fecondità, il benessere e il buon auspicio.

Una terribile pestilenza scoppia a Tebe, si cerca il responsabile, il capro espiatorio (*Farmakoi*); "Edipo il chiaroveggente, risolutore di enigmi"(36) (che, come nella legge del contrappaso, finirà con l'accecarsi) inizia le indagini. Interrogando il vecchio servo che lo portò sul monte Citerone, e chiedendo lumi all'indovino Tiresia, finirà per scoprire la tragica realtà, mentre Creonte da informazioni avute dall'oracolo di Delfi, potrà, finalmente, dopo avergli formalmente mostrato amicizia, vendicarsi sbarazzandosi di lui "come farà successivamente con Antigone...Insomma la realtà viene a galla e tutta l'impalcatura crolla, Giocasta si impicca, Edipo si acceca e fugge accompagnato dalle figlie a Colono villaggio vicino Tebe, dove potrà difendersi dall'ira e dalle accuse di Creonte, e potrà anche avere il tempo di riflettere e rivedere le sue esperienze e, nonostante le persecuzioni delle Erinni, riuscirà a concludere con dignità la sua vita scomparendo alla fine in un crepaccio della terra. Fu Sofocle, per necessità del genere letterario, a dare al mito...già preesistente...una versione propriamente tragica"(37).

Lo slancio del mito diventa opera letteraria, destinata emblematicamente, a definire i modelli e le tipologie educative ed etiche, contribuendo a formulare le rappresentazioni di quell'immaginario sociale nell'Atene di quei tempi, che poi qualche decennio dopo Aristotele fisserà in canoni letterari ed estetici, oltre che -come già in precedenza- etico-formativi.
Edipo a Colono non racconta la vicenda di una follia sacrale idealizzata dalla pietà umana, ma un uomo che ha superato la dimensione semidivina, "un uomo simbolo dell'infelicità umana, ma un personaggio che ha i difetti e le qualità di ogni altro uomo"(38). Un essere umano che fa la storia, post mitico, che comprende la necessità delle leggi umane che regolarizzino la società, la comunità e lo Stato ponendo fine alla aleatorietà e al caos capriccioso del fato e delle divinità. "Di nulla consapevole...io, davanti alla legge, un puro"(39). Il Coro che nella tragedia esercita il ruolo di guida e di maestro e anche la funzione di opinione pubblica, ora non deve solo limitarsi a prevedere, ammonire e commiserare, ma deve porsi come mediazione fra le leggi umane e l'uomo stesso che deve attenervisi, affinchè possa pervenire a una nuova presenza dettata da nuove fonti di valore che sono la conoscenza, la critica consapevole e tendenzialmente razionale delle tradizioni, quelle regole della convivenza istituzionalizzata alle quali conformarsi (educarsi) e nelle quali trovare la via dell'emancipazione dalla condizione precedente.
Antigone è nata contro la legge perché è figlia (insieme a altri tre fratelli) di un incesto fra figlio e madre (40), il suo stesso esserci è una colpa agli occhi divini e agli occhi delle leggi umane; e questa sua stessa colpa è la cifra essenziale del conflitto fra l'autorità costituita, rappresentata dal monarca e signore Creonte, le sue leggi e il suo potere che nonostante 'l'incivilimento normativo', conserva tuttavia le caratteristiche del re-padrone (41). Il cadavere dissepolto del fratello è un cadavere che sta lì a gridare vendetta e a chiedere la pietà dei viventi; in nome di questa Pietas umana, e non tanto per il terrore ancestrale dello spettro che

potrebbe tornare a tormentarla per il resto della sua vita. (42). Antigone agisce seguendo le ragioni dell'affetto, contro le ragioni della pratica di stato della real-politick come si direbbe oggi. Così 'Antigone celeste' (come la ebbe a definire F. Hegel), contrariamente agli altri due fratelli superstiti, deliberatamente e con determinazione, dà inizio a un percorso che è un crescendo conflittuale con lo zio Creonte (il figlio del quale: Ermione è promesso sposo di Antigone stessa). Un conflitto che è *polemos* totale , senza possibilità di ricomposizioni e mediazioni: uno scontro che, secondo Goethe, racchiude l'essenza stessa della tragedia e che condurrà inesorabilmente alla morte. Al centro del contrasto insanabile tra le leggi scritte di Creonte, le regole del potere politico –e patriarcale- del quale Antigone rifiuta di condividere i fondamenti etici.

"Ma Creonte – a suo modo-… è uomo giusto, che ha il senso dello Stato. La sua regola è l'uguaglianza dei cittadini di fronte al diritto…Ha le sue ragioni Creonte, come le ha Antigone, che non contesta anarchicamente i poteri dello Stato, ma rifiuta di rispettare le leggi se sono in contrasto con l'etica che ispira il sistema di norme da lei ritenute superiori. Ci sono due diverse verità e due diverse giustizie in Antigone e in Creonte"(43).

E la tragedia si concluderà con la morte di Antigone, ma anche, subito dopo, con l'annientamento di Creonte, perché suo figlio Ermione, innamorato di Antigone, si uccide sul suo cadavere, ed Euridice, moglie di Creonte e madre di Ermione, alla notizia della morte del figlio si uccide anche lei. 'Il privato è politico', sentenziava uno slogan di qualche anno fa; ma Antigone non fa politica, non esige il cambiamento delle leggi e non ne chiede di nuove, ella vuole solamente l'esercizio di un sentimento suo personale, legato a quella che è l'affettività domestica che in Grecia erano fondamentale della tenuta sociale e di coesione della cellula famigliare, posti alla base di quelli che si consideravano rapporti umani indissolubili e che erano le fondamenta della cosiddetta *Philìa* (44).
Le parole di Antigone mostrano una alterità totale e radicale dismisura; le leggi della città,

"qualsiasi legge non la vincola in alcun modo…Certo se non vi fosse stato il caso, Antigone avrebbe forse potuto vivere una vita del tutto normale nella Polis, ma ciò non avrebbe mutato nulla del suo carattere…la sua totale estraneità al comando della legge"(45) ispirata dal regime patriarcale. Antigone forse per prima ci presenta quella figurazione etica e quel pathos che Nietzsche e Th. Mann definiranno attraverso la categoria dell'Impolitico; inteso non come a-politico, ma come oltre-politico, come transvalutazione e transfigurazione della politica corrente intesa come Techné e convenzionalità politica, in nome di una meta politica che trascenda la consuetudine e l'usuale assetto valoriale, la codificazione dell'ordinaria presenza nella vita pubblica. Si tratta di una professione di trascendenza, molto ambivalente che può far indulgere nell'autocompiacimento e nella de responsabilità, occorre un *telos* e una forte tempra etica, anche perché, poi, l'impolitica è anch'essa una politica, la quale basta solo sapere che esiste e già "si è perduta per sempre la propria innocenza"(46). Antigone infatti non è innocente e non è un'anima bella, la sua caratura etica non le consente il ribellismo fine a sé stesso, come non le consente di mantenersi le mani pulite o di sentirsi esonerata da quelli che sono gli obblighi politici ed etici nei confronti della città. Viene meno la politica intesa come opaca real-politick e come mediazione a tutti i costi; anche la concettualizzazione hegeliana delle polarità che procedono verso la sintesi, mi sembra lasci il posto a una polarità alternativa, che esclude la possibilità della sintesi e il superamento della contraddizione. Antigone, in questo senso è una figura schopenhaueriana. Il *Polemos* radicalizzato non può abitare lo spazio politico corrente.

"In quanto polemos non può coincidere con la Polis…Eppure senza di essa, la politica non si sarebbe data. Quest'ultima è contenuta in potenza nell'evento che pure ne costituisce l'assoluto contrario. In questo senso si può parlare sia di contrapposizione sia di derivazione…del loro contraddittorio incrosio in una derivazione per contrasto"(47)

L'esperienza tragica di Antigone e Creonte a differenza delle altre tragedie si distingue proprio per le dimensioni fuori misura della Parola nel crescendo dell'intemperanza dialogica, fino acme come arma di radicale distruttività che rende impotente l'ascolto lasciando solo la possibilità al conflitto smisurato e incompatibile(48): Questa tragedia si configura e si struttura proprio su questa irrecuperabile incompatibilità che è fra persone, le diverse tipologie umane e modalità etico-antropologiche. Ma è anche l'istanze arcaiche sottostanti di carattere patriarcali ad essere poste in radicale discussione,e proprio questo differenziarsi ed emanciparsi da tali istanze, fa di Antigone una figura precorritrice dei tempi, tesa verso al modernità e capace di esercitare quello che è il tratto precipuo della modernità: la Riflessività. Anche S. Kierkegaard rileva questa caratteristica di contemporaneità di Antigone:

"A caratterizzare in modo determinante il moderno, è la nascita del soggetto cosciente di sé e responsabili delle proprie azioni"(49).

"In Antigone non vince nessuno, piuttosto tutto si fa problematico, tutto è finito e relativo"(50), la prospettiva è quella del naufragio, che però illustra, in una prospettiva educativa e formativa, il discrimine fra istanze personali e istanze sovra personali e porre l'interrogativo del loro limite e della misura del livello che può raggiungere il conflitto umano e la polarità fra leggi scritte e leggi non scritte (51).

Infanticidi

Se Edipo è dominato dall'avverso destino e dalla inconsapevolezza innocente, Antigone dal bisogno di una giustizia che trascenda l'ordine costituito in nome di valori della tradizione che vanno conservati ed esercitati pena la perdita di sé stessi e della propria identità nel farsi della Storia, Medea di Euripide è dominata dal *Thimos,* dalla frenesia delle passioni che hanno il sopravvento sulla ragione e sulla riflessione che pure Medea, a suo modo, esercita. Il che da vita a una lacerante contraddizione che fa di lei una figura tragica, infanticida, accecata dalla folle gelosia. Desiderio di vendetta, amore per i figli, sentimento amoroso frustrato, superstizione, senso di sperdimento ed estraneità, si intrecciano in una miscela che Euripide ha rielaborato, come hanno fatto gli altri tragediografi dell'epoca periclea, attingendo da leggende e rituali legati ai culti, secondo i quali, all'origine, Medea per rendere immortali i figli li avrebbe sacrificati ad Era nel tempio di Corinto. Nella tragedia Euripide mette in scena un infanticidio commesso per vendetta nei confronti di Giasone che l'aveva abbandonata dopo averla portata, estranea, a Corinto, con i figli generati dalla loro unione.
Fin dalla più giovane età Medea, come la zia Circe, ha l'occasione per dimostrare di essere un'abile maga devota ad Ecate. Quando Giasone giunse nella Colchide (lontana terra della principessa Medea), per un gioco di vendette incrociate, Afrodite fa perdutamente innamorare

Medea del giovane e fascinoso straniero. Questi le chiede di aiutarlo recuperare il vello d'oro nel bosco sacro, cosa che a Medea, maga e sacerdotessa, riesce con relativa facilità; i due si innamorano e Giasone fa ritorno vincitore con il vello d'oro a Corinto insieme a Medea (52).
Se per C. G. Jung il Vello d'oro può rappresentare una allegoria della meta agognata da raggiungere attraverso un percorso di individuazione, per J. P. Vernant –più verosimilmente- il Vello è un'espressione mitica che, in termini sociali ed economici, rappresenta un paradigma simbolico della transizione dalla ricchezza pastorale in armenti e greggi, quindi da una struttura primaria, a una struttura socio-economica diversa, basata sulla mediazione e sullo scambio di oro e monete, quindi di tipo mercantile (53). Medea è la vittima di questo passaggio: sacerdotessa di una regione periferica, culturalmente chiusa, mentre Giasone invece rappresenta il cosmopolitismo, la mobilità socio-economica, l'economia di scambio, la laicizzazione e il farsi complesso dei rapporti umani: una sorta di 'globalizzazione' ante litteram; i due modelli socio-antropologici ed economici erano inevitabilmente destinati ad entrare in conflitto.
C. Sini, citando J.J. Bachofen, documenta la presenza residuale di sacche resistenziali rispetto quella che fu l'antica invasione indoeuropea, che andarono a formare la cosiddetta cultura Gilanica (GI indica la sfera femminile del gineceo, la L il legame con ANIA, la sfera maschile), che per varie ragioni si rese impermeabile a tali invasioni che durarono oltre 1500 anni, formando delle enclaves a pelle di leopardo in aree circoscritte a nord del mar Nero, dove appunto doveva trovarsi la Colchide, alcune ristrette zone di Creta, Malta, Sardegna e Calabria, oltre, a nord, una piccola area corrispondente, oggi, ai Paesi Baschi (54). Una cultura residuale, di nicchia, misteriosa ed incerta sulla sua reale esistenza, che si caratterizzava per il suo declinarsi al femminile in senso matrilineare e matriarcale, nelle quali pare fossero assenti, o comunque di carattere secondario, i segni e gli indicatori del potere maschile-patriarcale (guerrieri, cavalli, culto del sole, divinità fallocratiche ecc), mentre invece pare erano riscontrabili segni di carattere femminile (divinità della terra, culto di divinità lunari ecc). Viene da supporre, in totale libertà, che Medea fosse proprio un'esponente, rappresentante o erede di questa cultura; infatti Medea si propone "una serie di miti che…come antica sacerdotessa della Colchide, vive e quotidianamente

officia per sacralizzare quel mondo arcaico e contadino di cui è componente essenziale"(55).

P.P. Pasolini, al quale si deve una proposizione cinematografica di Edipo e di Medea, in un'intervista riferì di

"aver voluto raffigurare in Medea il raffronto fra un universo arcaico, ieratico...legato alla sfera del sacro...e il mondo profano, razionale pragmatico impersonato da Giasone, definito come 'tecnico' abulico, volto esclusivamente a perseguire il successo di determinati scopi prevalentemente calcolati"(56)

I due mondi sono irriducibili e Medea si trova così a vivere, nella sua nuova città, una situazione di isolamento, estraneamento e spaesamento esistenziale; da qui l'immolazione della prole avuta con Giasone; un sacrificio che sottolinea questa sua volontà di ribellione isolandosi ed esiliandosi entro i limiti sacrali invalicabili: un'enclave sacrale in una terra straniera e profana. Un isomorfismo in una terra non sua, evocativo della patria e della sua cultura e costumi religiosi-cultuali. Medea è

"una donna disgustata dalle bassezze dell'uomo che ama, ma è ma è anche e soprattutto una donna di un'altra razza, spaesata e sradicata che il mondo razzista di Corinto esclude per la sua diversità"(57).

Il tragico è rappresentato anche qui dall'anomia, dal mutamento, dal passaggio fra due ordini e sistemi di vita e dall'esaurirsi dell'esperienza del mito e del sacro, il colpo di coda di quest'ultimo in una realtà ormai diversa; e anche, forse, dal configgere estremo di due mito: quello matriarcale (residuale) e quello patriarcale. Medea è radicalmente *Xenos*, sia da un punto di vista socio-antropologico ma anche da un punto di vista ontologico; pertanto non solo non vuole, ma probabilmente neanche potrebbe mutare questa sua condizione: è l'*Hospis* diventata irrimediabilmente *Hostis*.

Il tema di Ifigenìa e la saga della sua famiglia (la madre Clitemnestra, il padre Agamennone, il fratello Oreste), tramandata attraverso la tradizione dell'epica antica ed omerica (denominata Ifinione), ripresa poi da Eschilo (Orestiade), e anche da Sofocle ed Euripide, sarà ricorrente fino alla nostra modernità attraverso varie versioni e trasposizioni, p.es. quella di Racine, nel 1674,

"*Ifigenia in Tauride*" di Goethe, fino alla Elettra di Hofmannsthal. Come in Medea viene proposto il tema del *Thimos*, della passione risentita, vendicativa, incontrollabile e violenta che esplode nel delitto parentale e sacrificale, il più terribile allora come ai nostri giorni, l'infanticidio.

Rito e delitto sacrificale che nella versione di Eschilo viene officiato da Agamennone re di Micene, che, appunto uccide Ifigenia la figlia avuta da Clitemnestra, sacrificandola al fine di ottenere il beneplacito degli dei e i venti favorevoli per salpare fino a Troia, e partecipare così alla guerra che stata per iniziare combattendo accanto ad Achille, al quale aveva promesso la sorella della stessa Ifigenia: Elettra (58). Le fonti rivelano poi, almeno per qualcuno, che Ifigenia venne invece salvata all'ultimo momento dall'intervento di Artemide, che la sostituì con una cerva e poi portata in Tauride, una zona dell'odierna Crimea (vicino alla Colchide), dove divenne sacerdotessa: insomma una sorta di percorso all'inverso rispetto quello effettuato da Medea. Clitemnestra odiò a tal punto lo sposo Agamennone che complottò con i fratello Tantalo, ed Egisto, suo amante, per ucciderlo. Clitemnestra uccise poi la principessa troiana Cassandra che Agamennone aveva portato con sé da Troia, come concubina, anche lei straniera in una realtà inospitale. Il figlio Oreste dovette fuggire per tornarsene poi a Micene e porre in essere la sua vendetta, cosa che fece con l'aiuto della sorella Elettra, uccidendo la madre ed Egisto. Oreste poi, perseguitato dai rimorsi (come Edipo dalle Erinni a Colono), impazzì.

Una vicenda quella di Clitemnestra che Eschilo traspone ponendo, a differenza di Sofocle e in parte Euripide, l'accento sugli aspetti personali dei protagonisti, facendone quasi un dramma introspettivo tutto giocato sulle dinamiche psichiche e venendo meno a quella che è la dimensione sociale ed etico.civile, che invece costituisce, almeno secondo Aristotele, il tratto se non essenziale, quanto meno assai importante del dramma tragico. IN questo senso però *Ifigenia* si propone per una lettura 'esistenzialista', tratto che, come vedremo, ritroveremo nelle tragedie più recenti, in particolare quelle del teatro che potremo definire 'nordico'-

Amleto e gli altri 'nordici'

La Tragedia greca come genere drammaturgico-letterario vive al suo interno un processo evolutivo significativo: da *Prometeo*, che costituisce un po' una proto-tragedia che narra le vicende del Titano, semi-dio e

nonostante ciò amico dell'umanità, pro-veggente donatore e benefattore degli uomini. Egli si appropria della tecnica, trafugandola ad altre divinità (Efesto ed Atena) per farne dono agli uomini (59). Dalle vicende del Titano, semidivino, che 'tradisce' la sua stirpe per schierarsi con l'umanità, per farne dono, alle vicende di Antigone, umana, troppo umana, dove le divinità sono dei semplici cooprotagonisti, ed Edipo che, giunto alla fine del suo percorso esistenziale, riesce ad affrancarsi dalla perniciosa trascendenza del fato e delle divinità. Un processo 'evolutivo' che si inscrive nella dinamica storica più ampia nella quale si articola la trama della tragedia classica e dopo-classica. Dopo il periodo del medio evo cristiano e la de-mitizzazione apportata dalla Scolastica, la rappresentazione del tragico perde i suoi connotati pubblici per rimetterli nella vicenda esemplare del Cristo, nella narrazione dei Vangeli, nella figura di Abramo e dei santi, trasponendo il tragico nel sacrificio e nel martirio, vissuto individualmente. Si andava concludendo quel lento processo di ridimensionamento delle implicazioni sacrali del mito, avuto inizio, almeno nell'ambito della mentalità monoteista, con il passaggio dalla religiosità del Dio, del Nume, alla religiosità del Profeta, figura dimensionata dalla storia e in questa collocata e determinata. Inizia –con il Rinascimento- la riproposizione del tragico rivedendone i contenuti e le finalità: il *Telòs* della narrazione così come lo aveva concettualizzato Aristotele, viene meno e viene meno anche la sua diretta e immediata connotazione etica (e pedagogica); spesso il dramma tragico viene manierizzato e limitato nelle sue valenze meta-artistiche e drammaturgiche. Un rinnovamento profondo si ha, successivamente con Shakespeare, Racine, Corneille, Calderòn e il *Trauerspiel* barocco-tedesco (60). Dagli assolati meridiani insulari e mediterranei, la scena si sposta ora nei paesaggi brumosi del nord. Amleto probabilmente è il capostipite di quella coloritura nord-mitteleuropeo, che si protrarrà fin ai nostri contemporanei Kafka, Strindberg, Ibsen, Beckett ecc e le produzioni cinematografiche tipicamente connotate alle atmosfere nordiche (I. Bergman e altri).
Amleto presenta una soggettività indipendente e riflessiva, e la Riflessività, sappiamo essere uno dei tratti più caratteristici del moderno:

"essa nasce con il dubbio, ovvero quello stato d'animo che… oscilla fra due pensieri diversi e contrari…il dubbio guarda l'intelletto, come la disperazione guarda l'esistenza"(61).

E' libero dalle univocità e dalle determinazioni della comunità, dal fato, dalle divinità e il suo pensiero e la sua azione sono il frutto di tutt'altre forme di etero-direzione rispetto i protagonisti della tragedia greca. La tragedia 'nordica' sancisce definitivamente il prevalere della logica segnala l'entrata dell'uomo nella storia. Peculiare al sapere tragico è la storicità"(62) e con Amleto l'uomo abita la storia e si protende inequivocabilmente nella modernità; abbandona ogni residuale forma di *Ayon* e di temporalità sacrale; la quotidianità si fa cronaca storica e laica, la politica diventa disincantata real-politick. Shakespeare è vissuto in quel periodo storico che molti definiscono una sorta di pre-illuminismo, di quel periodo collocato sul crinale conclusivo del Rinascimento e dell'Umanesimo, quando ha preso vita la Riforma, che in un certo senso possiamo anche definire come annunciatrice dell'Illuminismo. E' stato più o meno contemporaneo di Hobbes, Voltaire, Spinoza e subito dopo, Hume. Vive la 'rivoluzione scientifica' alla fine del 500 e per tutto il 600 fino a Newton e l'autonomia del sapere scientifico-sperimentale rispetto la religione della quale, sicuramente ha vissuto tutte le vicende legate alla Riforma e Controriforma; l'Inghilterra dell'empirismo e della reazione neoplatonica dell'Università di Cambridge ecc. E' inevitabile che in qualche modo la sua opera tragica risenta di questi fermenti, di questa accelerata nel lento processo di secolarizzazione che portava a sintesi il compimento di quell'itinerario che partendo dal politeismo andava al monoteismo, inserendo la marcia del disincanto e della laicizzazione dei valori. Un 'rischiaramento' che però, seguendo il pensiero di Adorno, e non solo, non era esente da laceranti contraddizioni destinate a rimanere irrisolte, ma alle quali, comunque, l'uomo moderno, soggetto riflessivo e disincantato cercava di dare una risposta che spesso mostrava, nell'anomia e nella dissoluzione delle certezze, la sua inefficacia sottolineando il 'Rischio' del rispondere delle proprie azioni senza filtri mediativi, neanche quell'en-pathos dei *Theatai:* degli spettatori cittadini della classicità. L'etica del 'bello e del buono' della prima tragedia abdica per un'etica titubante che, perplessa, si pone come obbiettivo la razionalizzazione e il discernimento dell'intrigo e della congiura. E' il frutto del sapere di non sapere e se l'eroe omerico opta per un'arguzia residuale fra due poli dell'emergente contingenza, le scelte dell'eroe moderno, invece, sono frutto di opzioni sofferte, che lasciano la malinconia e la nostalgia per la contingenza non scelta, per la rinuncia che di essa si è dovuto fare. La loro non scelta, il loro interrompere 'la consecuzione dei fatti' che Aristotele considerava elemento caratterizzante della tragedia, non è inerzia o inettitudine o indolenza: è la malinconia che ha preso il posto del furore epico o del sovrastare del fato, diventato, con la cristianità, destino. L'agire "si spegne nell'azione che non ha deciso perché non potesse corrispondere ai contenuti essenziali della sua volontà"(63). Come Edipo l'eroe shakespeariano vuole sapere chi ha ucciso il padre e venir a capo della maledizione che grava sulla famiglia: "l'intero dramma è la ricerca della verità"(64), ma la sua intenzionalità soggettiva resta solo in potenza, perché si scontra con l'oggettività del concatenarsi dei fatti finendo nello smarrimento dell'incommensurabile, dell'imprevedibile e dell'immalinconimento. Amleto poi è un isolato, a differenza della tragedia precedente non può contare sugli ammonimenti e incoraggiamenti del Coro, i pareri dei personaggi della sua corte sono contraddittori che avvitano sempre più la possibilità della scelta e dell'azione. Manca l'Ethos e il Pathos della comunità 'politica', l'assonanza di un pubblico-comunità; Amleto e Macbeth, così come poi tutti gli epigoni (da Ibsen a Kafka, da Strindberg a Bergman), si producono in ambienti ristretti, spesso notturni, domestici, al limite della claustralità.

Il viaggio elemento e topos ricorrente nella tragedia classica, così come nella favolistica e nel romanzo di formazione, nella tragedia moderna si interiorizza, non più un itinerario progressivo, vettoriale nel tempo e nello spazio, ma un viaggio su sé stessi o nei pertugi segreti del 'castello', un dedalo che riproduce una stanzialità come metafora dell'essere che si ritrova in Amleto, ma anche nei personaggi del *kammerspiel*, in Kafka, nei personaggi tragico-grotteschi di Beckett, in molto cinema svedese ecc. Un viaggio in solitudine, un'iniziazione appartata, senza la com-passione (il patire comune) che declinava la catarsi e la pietà nel collettivo. Catarsi ora divenuta così stato di grazia e redenzione da raggiungersi attraverso il pentimento che è –per definizione- un sentimento solitario:

"nel dramma cristiano il mistero della redenzione costituisce la base e il luogo dell'accadimento e il sapere tragico, sin da principio, è risolto nell'esperienza di poter raggiungere la perfezione e la saggezza attraverso la grazia"(65)

E' proprio questa ricerca della grazia e delle possibilità di redenzione di cui il singolo dispone a nullificare il senso tragico il quale si trova ad essere più vincolato all'azione umana al suo essere più che al caos del destino e del capriccio degli dei. E non trovando criteri solidi e razionali condivisi o condivisibili Amleto vive nella malinconia, nel disincanto nostalgico, tratto –quello della malinconia- caratteristico del soggetto della tarda o post-modernità(66). In questo senso è un apripista che ha gettato le premesse, precorso di qualche secolo i personaggi che hanno dato espressione a una eterogenea opera di decostruzione del tragico nel teatro e nella letteratura e anche nella narrativa in generale a noi contemporanea.

Ibsen e Strindberg sono due autori che hanno notevolmente contribuito alla formazione di quella drammaturgia d'ambientazione nordica, privilegiando gli aspetti esistenziali della dimensione tragica. In Ibsen il tragico si manifesta nel radicale e

"l'insolubile contrasto fra la rigidezza e l'asprezza della società, forte dell'inerzia secolare di pregiudizi e convenzioni, e l'insorgere violento delle aspirazioni che si rivoltano contro essa in nome di una moralità più autentica sgorgata dalla ricerca di un'identità individuale più profonda"(67).

Figure come Nora, Rebekka, la signora Alving, Ellida, Stockman, Hedda e altre sono l'espressione di questi contrasti fra esistenze individuali e istanze esterne di carattere di carattere sociale e ambientali, convenzionali e tradizionali che sfociano in drammi e conflitti etici e fra etica privata ed etica pubblica, frantumando, idiosincraticamente, le esperienze individuali e i percorsi biografici-identitari di ciascuno di loro. Se nella Tragedia antica l'etica pubblica (rappresentata dal Coro) e, più in generale, il sentire collettivo fungevano da istanze di appartenenza e di radicamento nella comunità, in Shakespeare, e ancor di più nei posteri Ibsen e Strindberg, e gli altri successivi, tali istanze diventano determinazioni, condizionamenti insopportabili per il soggetto moderno e la sua riflessività. La Polis, o meglio il tratto comunitario di essa, si infrange e lo spazio pubblico, già nell'Amleto, viene a restringersi all'interno del Castello, nei corridoi oscuri e tortuosi, nell'ambiente domestico, tutt'al più nell'ambito cortigiano, e le dinamiche interne di carattere personale vengono così a costituire il motore stesso dell'esperienza tragica la consecuzione dei fatti. Esperienza che si conclude con la constatazione da parte del singolo delle scarse possibilità di riuscire a fronteggiare adeguatamente la frammentata e differenziata realtà sociale; l'individuo così perde anche il diritto o la consolazione della compassione, le sue colpe non trovano condivisione o giustificazione; il sentimento della colpa prende il sopravvento e il pentimento con l'angoscia predomina tanto che spesso il dramma si conclude con il suicidio; un suicidio certo non altruistico o pro-sociale (usando una distinzione durkheimiana), ma un atto anomico, legato esclusivamente all'emersione, contraddittoria, della soggettività tipica della modernità.

Se in Ibsen l'azione del singolo, pur scontrandosi con l'alterità della sfera sociale riusciva comunque a far valere l'effettività della propria esperienza, in Strindberg anche questo tratto viene ad essere reso inutile in favore di un orientarsi in senso nichilistico e apatico (a-*pathos*) della condizione umana (68).

"*Il capro espiatorio*"(1907), "*Gli abitanti di Hamsoo*"(1887) "*La signorina Giulia*" (1888), i protagonisti di "*Danza macabra*", il racconto autobiografico "*Inferno*" (1898), "*La sonata degli spettri*"(1907) ecc., mostrano l'estraneità del soggetto rispetto il contesto e anche, per altri motivi, nei confronti di sé stesso; il frantumarsi

"del senso della narrazione verso la disintegrazione del soggetto…non consente di poter dire nulla con certezza, e in questa incertezza, così cara a Shakespeare, Strindberg dà un'indicazione chiara per il novecento"(69).

L'Io non trova più sponde o supporti per realizzarsi subendo un continuo processo di estraneazione anche nei confronti di sé stesso rapportato al mondo circostante: a quello che i filosofi chiamano *Lebenswelt*, e a nulla serve l'amore, la nostalgia per l'infanzia, la famiglia o la comunità che è circostante ma non più empaticamente prossima. Siamo sul percorso che approderà poi e soprattutto in certo cinema e in certa letteratura filosofica al tema dell'alienazione e delle nuove forme di anomia delle società ormai completamente massificate ed etero dirette.

L'estetismo non può essere considerato un difetto dell'opera tragico-teatrale di Jean Cocteau. Il suo orizzonte estetico racchiude l'essenza della sua stessa opera, ne costituisce la cifra e la caratteristica e viene vista come tramite per la ricomposizione e la veicolazione di nuovi valori e della realizzazione esistenziale. Infatti, "l'autenticità è acquisibile soltanto sul piano individuale, nella vita estetica, dove gli altri sono assenti"(70). In Orfeo l'aspetto tragico non consiste tanto nella morte dell'amata Euridice, nella discesa negli inferi e l'impossibilità di salvarla, quanto, più che altro, dalla constatazione dell'impossibilità di una resurrezione e la non accettazione della vita, preferendo la permanenza supernaturale in una situazione di beatitudine limbica e ctonica.

Forse un tentativo di ricostituzione di un contesto relazionale è quello compiuto da A. Artaud, il quale, respingendo la tradizione occidentale, preferisce cercare nuove ispirazioni rifacendosi a tradizioni esotiche e comunque lontane dalla nostra tradizione e dalla nostra storia: il teatro balinese, le cerimonie primitive caratterizzate dalla partecipazione mistico-collettivo da lui sperimentate durante alcune ricerche artistico-antropologiche effettuate fra gli indios della Sierra messicana (71). Egli sperimenta così la possibilità di coinvolgere il pubblico alla ricerca di un momento e di 'una sorte' comune di tipo più o meno catartica, capace di sovvertire ogni logica e ogni sentimento convenzionale, creando così quello che lui stesso nel saggio *"Il teatro e il suo doppio"*(1938) definì "il teatro della crudeltà". Forse questo accumunarsi di teatro, autore, attori e pubblico è possibile, secondo Artaud, ricostruire un ambiente ludico ed estetico capace di autenticità sacrale-comunitaria e, comunque, altamente evocativo dell'esperienza originaria dell'antica Grecia, dove la *Hibris* rivolta contro Dio può creare i presupposti di una rivalutazione del soggetto e della sua originaria potenzialità empatica.

Il sentimento del senso di colpa risalente a 'incomprensioni' con la figura paterna sono comuni, le ritroviamo in Edipo, in Amleto, Ifigenia, Kafka e altri: "il padre è colui che punisce…come i funzionari di un Tribunale"(72). Il padre e i funzionari del Tribunale rappresentano e sono metafore del potere delle istituzioni e dell'autorità incistata nel profondo dell'animo umano; l'autorità genitoriale, patriarcale-burocratica, psicologica e divina, imperscrutabile e straniante imprimono la colpa commessa o non commessa, ma vissuta come tale, tanto che non c'è poi tanto da meravigliarsi se una mattina al risveglio dopo una notte agitata da perturbanti sogni

"ci si ritrova trasformato in un insetto…allora si può dire che l'estraneità, la propria estraneità si è impadronita…definitivamente"(73) di noi, della nostra esistenza e di quella dei nostri famigliari: lo straniamento e l'incubo prendono il sopravvento inesorabilmente su ogni requisito umano (74). Anche il richiamo dell'innocenza, il chiamarsi fuori, l'esonerarsi da ogni colpa non muta la pedante determinazione del funzionario, Kafka viene 'stanato' dalla sua nicchia esistenziale; e forse è vero quel che dice Jaspers quando afferma che il tragico nasce proprio quando il protagonista conosce e vive in prima persona la situazione limite, quando non può non subire il *Thauma* della trasformazione che lo trascende e lo aliena fino all'annientamento(75).

Kafka va oltre il limite, le 'situazioni kafkiane' sono una uscita dall'ordinarietà, oppure una irruzione estranea nella quotidianità apparentemente ovvia e tranquilla per chi non coglie le premonizioni e le avvisaglie. Amleto è quasi sopraffatto dalla consecuzione degli eventi che non riesce ad interpretare e razionalizzare a dare forma all'interno delle proprie categorie dell'esperienza, mentre tutti gli altri, inadeguati coriferi, si aspettano proprio da lui un 'pronunciamento'. Nonostante il contesto cortigiano è solo, come isolato è Kafka che non deve rispondere a nessuno della sua inazione e della sua innocenza (o incolpevolezza), nonostante un'autorità incombe su di lui –forse ancora il 'fantasma' del padre che però egli stesso non individua e non identifica con chiarezza.

"L'azione di Amleto si spegne nell'azione che non ha deciso, perché non poteva corrispondere ai contenuti essenziali della sua volontà…L'azione di Kafka si spegne nella spossatezza…espressione della manifesta impotenza…verifica l'impossibilità di giungere ad alcuna autentica decisione"(76).

La malinconia kafkiana non si inscrive in un contesto, sia pure il contesto limaccioso, in autentico e cortigiano di Shakespeare; i personaggi di Kafka, infatti, hanno come riferimento, nel migliore dei casi, la città, una Praga che non si identifica nelle sue meraviglie architettoniche gotiche e barocche, anzi è proprio questa magia che si trasfigura, espressionisticamente, disincantandosi, diventando ostile e inafferrabile. Questi malinconici protagonisti non si muovono in un luogo consuetudinario sono lontanissimi da quella famigliarità universale di cui parlava E. Husserl (77): non hanno un luogo neanche nel futuro, e il destino a venire gli è alienato, perché questi personaggi e queste esperienze non possono dotarsi di un qualsiasi progetto esistenziale. La carcassa di Samsa-scarafaggio viene 'gettato' via dalla domestica, come

una cosa divenuta inutile, nel cassonetto dei rifiuti, a dominare è la mancanza di speranza nel grottesco. Predomina "una legge estranea ed ostile che non si può né spiegare né intendere"(78); ragioni aliene di una burocrazia intangibile e incomprensibile che è 'consecuzione dei fatti', ma anche loro dissolvenza. Il fato/destino di Edipo è un disegno crudele e beffardo, contro il quale però è possibile battersi e identificarlo e gli dèi in fondo altro non sono se non proiezioni, trasposizioni e metafore del genere umano. Nella tragedia cristiana il fato è riconducibile alla benevolenza della Divina Provvidenza, una teleologia anch'essa imperscrutabile, ma che finisce poi con l'essere in qualche modo benigna e consolatoria, un disegno dotato di una divergente razionalità e di un fine accettabile. In Kafka, invece, il destino diventa dominio, del quale l'unica plausibilità è da ricercarsi nel dettato allegorico della situazione stessa; allegoria che però, come insegna Th. Adorno, risulta essere, nella modernità e dopo l'esperienza barocca, completamente sganciata da ogni legame (simbolico) con il referente, così che il surreale e l'incubo, l'eterogenesi e l'indeterminatezza definiscono quelle che sono le nuove modalità esperienziali dell'uomo moderno, così come anche E. Munch, e altri 'espressionisti', hanno saputo, nell'arte figurativa, rendere l'idea. L'allegoria grottesca diviene così la cifra perturbante che definisce l'impossibilità d'azione e la staticità come i personaggi beckettiani, o anche nell'indefinitezza dei personaggi narrati da Musil o di Schniztler.
In questo scenario, diciamo sinteticamente, 'mitteleuropeo', H. Von Hofmannsthal riprende alcuni aspetti canonici del genere tradizionale e classico, rielaborando in maniera 'ortodossa', trame e personaggi della tragedia greca, quali Elettra e Edipo, radicandoli nel presente, all'insegna di una concezione artistico-teatrale come di un qualcosa che è chiamata a ripetersi nel solco di una tradizione come unica possibilità di ancoraggio alla realtà, anche alla luce delle indicazioni nietzschiane e facendo propri gli insegnamenti del barocco tedesco e di Caldèron, al quale poi Hofmannsthal si ispirerà nel dramma *"La Torre"*, tragedia ambientata ai nostri tempi, ma che ricalca i canoni tradizionali quasi in termini aristotelici. *"Elettra"* ed *"Edipo e la sfinge"*, possono essere considerati un innesto shakespeariano nel tronco della tragedia greca, una convergenza tra la tradizione elleno-latina e nord europea anglo-germanica; cosa che emerge da subito quando alle prime battute, Elettra è in attesa dell'ombra paterna.

"Una trascrizione shakespeariana del mito greco…come ricerca da parte del poeta del proprio mondo stilistico, accanto alla ricerca del proprio mondo mitico. Una ricerca insoddisfacente: *"Elettra"* e con essa *"Venezia salvata"* ed *"Edipo e la sfinge"*, gli esperimenti con cui Hofmannsthal tentò il dramma, che in senso molto lato chiamiamo shakespeariano…rimasero nella sua opera come un'isola mai più ricercata"(79).

Per Hofmannsthal che scriveva, ricordiamolo, nel fervore del clima culturale dell'Austria Absburgica imperiale e pre-bellica, L*'Elettra* voleva essere una messa in opera di una concezione alquanto diffusa nell'ambiente artistico di quel periodo e di quel particolare contesto intellettuale e culturale: il concetto di Opera Totale (tentativo sperimentato e portato in scena per primo da Wagner)

"come nesso artistico nel quale si combinavano tutte le arti –poesia, musica, teatro- in un'unità capace di produrre gli stessi effetti del dramma antico: Hofmannsthal si proponeva di suscitare con le stesse rappresentazioni un nuovo genere di catarsi…imitando i drammi greci e poi adattandoli a certe concezioni medioevali e barocche, che lo portavano al nuovo dramma cristiano…Egli così pensava di poter rigenerare la società in cui viveva attraverso la reazione che l'arte provocava in chi ne fruiva…spingendo questi ultimi ad un*'Agapè* cristiana capace di trasformare la società"(80).

Un ambizioso quanto ingenuo obbiettivo, elemento spurio di quel periodo di transizione e di grande creatività, una didascalica trasposizione direttamente, quanto meccanicisticamente, ricollegabile a quegli aspetti più precettistici e didattici del dettato aristotelico, che attribuivano alla Tragedia, rispetto le altre arti mimetiche, quella facoltà, in coloro che guardano le immagini e la 'consecuzione dei fatti', di "imparare (*manthànein*) a ragionare (*sylloghìzesthai*) su ogni punto"(81). Le intenzioni di Hofmannsthal andavano in senso retrivo, restauratore e conservatore, aspirava infatti, tramite le sue tragedie,

"alla riaffermazione dei valori, dell'eredità barocca degli Asburgo, nei quali egli vedeva le basi di una cultura umanistica universale…Usando la sua opera…in funzione di una catarsi sociale risolvendo così i problemi della società contemporanea; l'arte come cura dei mali delle società industriali"(82)

Comunque, nonostante il suo progetto venisse guardato con una certa perplessità un po' da tutti gli stessi appartenenti alla sua cerchia intellettuale e giornalistica, esponenti di quella che era l'acme della cultura mitteleuropea dell'epoca(83), la sua esperienza resta pur sempre interessante e a suo modo originale, anche per la sua esplicita valenza pedagogico-sociale, di promozione di quelle che potevano essere considerate le prime masse ad affacciarsi, imboccando il novecento, alla ribalta della storia, con l'intenzione di immunizzarle dalle esperienze rivoluzionarie, ma anche dall'avanzare della modernità e dalla catastrofe della guerra che probabilmente l'autore presagiva in quel clima culturale che era sì di eccellenza, ma che conteneva in sé i germi della distruzione, quel sentimento di decadenza nazional-imperiale, di quella grande patria perduta, che un suo contemporaneo: Robert Musil, definiva irrisoriamente la Kakania.

Alcuni aspetti conclusivi

Non è facile tracciare, anche per sommi capi, un resoconto anche solo descrittivo di quello che doveva essere il contesto storico, umano e socio-politico della Grecia periclea; comunque esiste una vasta ed eterogenea letteratura in materia (84), Possiamo limitarci a dire che intorno al 400 a.C. la società ateniese, e più in generale, l'area dell'intera Grecia e alcune aree della Magna Grecia, era contrassegnata da un alto livello di complessità. In specialmente le città, e in particolare Atene, registravano un alto livello di differenziazione e mobilità sociale e migratoria; la città passò nel giro di neanche cinquanta anni, da 20.000 a oltre 200.000 abitanti, una migrazione proveniente dalle campagne o da altre città minori, villaggi e dalle colonie. Tale mobilità era molto intensa: oltre alle classi nobili e aristocratiche, si andava sviluppando una stratificazione di gruppi sociali –che oggi potremo anche definire di ceto medio- assai vasta, fatta di artigiani, medi e grandi proprietari terrieri, commercianti e mercanti. La città era interessata da innumerevoli percorsi migratori, sommovimenti socio-demografici ed economici, con improvvisi grandi arricchimenti, o, viceversa, altrettanto improvvisi impoverimenti, arrivi in città di nuove figure sociali, che poi, con il tempo –anche da una generazione all'altra- ottenevano il diritto alla piena cittadinanza (i meteci e gli schiavi). Il sistema delle arti, completamente diverso da quello che si è andato affermando in Europa dal 1700 a oggi, rispecchiava questa complessità e questa effervescenza sociale ed economica. Le arti tecniche erano quelle direttamente utili all'uomo nelle sue pratiche quotidiane, gli esecutori erano quelli che oggi potremmo definire a metà strada fra l'artista e l'artigiano, e a queste facevano grosso modo capo quelle che oggi potremo definire arti plastico-figurative: scultura, ornamento, pittura, disegno; mentre le arti poetiche erano quelle non direttamente frutto della sapienza, abilità e funzionalità che erano la poetica e la retorico, la matematica e la geometria, l'anatomia che però era compresa nell'arte medica che era, a sua volta, arte e tecnica, sapienza ed abilità funzionale, e poi la musica (a seconda quest'ultima dell'utilizzo e del tipo di fruizione-ricezione che ne veniva fatta). La divisione di massima era quella fra arti della retorica e arti mimetiche, che imitavano la natura rappresentandola in maniera trasfigurata e metaforica e che Platone considerava negative, diseducative perché illusorie e fuorvianti. La tragedia rientrava fra queste ultime perché imitava le situazioni limite, ma verosimili, inerenti la condizione umana; essa aveva anche un riscontro pratico e 'funzionale', perché, anche secondo A. Hauser, la tragedia era uno "strumento nelle mani della democrazia, che se ne serviva per legare le masse allo Stato (85). Democrazia che poi non era così come siamo abituati a pensarla e, in alcuni casi, anche a viverla noi, occidentali del terzo millennio. Il teatro tragico così come si venne a configurare e definire nella concezione aristotelica, era concepita oltre che funzionale alla riproduzione del consenso nei confronti del governo della città e della nuova forma statuale, anche come valido vettore pedagogico-formativo e di alta consistenza estetico-artistica.

"Quando Aristotele scrisse la *Poetica*, nel pubblico e preso gli autori, lo slancio tragico è già spezzato; non si sente più la necessità di un cosiddetto 'periodo eroico' e di un confronto fra l'antico e il nuovo"(86).

E quindi è doveroso pensare che il suo intento fosse specificatamente evocativo a fini educativi e pedagogici. Una pedagogia rivolta, come abbiamo detto, alla aristocrazia, con l'intento di formale alla eccellenza della *Aretè* e della *Kalokagathia*, ma anche come pedagogia sociale e civile volta alle masse, in particolare a quei nuovi cittadini come mezzo per la loro integrazione e adesione ai princìpi della 'democrazia'; modello per nuove rappresentazioni sociali, con una certa coloritura ideologica ma volta alla emancipazione e alla inclusività. Riprendendo Hauser, mi sembra di poter affermare che la sua interpretazione, di carattere marxista, dell'assetto della tragedia come espressione artistica correlata alla democrazia dell'epoca, quale forma statuale delle classi dominanti e da queste riconosciute quale suprema "espressione poetica...riconosciuta socialmente"(87). Contemporaneamente la tragedia è anche un veicolo di riproposizione, aggiornamento e secolarizzazione (se vogliamo 'tecnicizzazione') del mito, delle sue rappresentazioni correnti e del suo specifico narrativo, attraverso la rilettura 'addomesticata' e letteraria-filosofica svolta dai sofisti(88).

Questi legami della tragedia con gli interessi e le necessità politiche dello stato e il sistema delle arti si modifica nel medio evo, attraverso il contrarsi dell'immediato rapporto fra opera d'arte ed esigenze educativo-formative, per poi riprendere minimamente quota con l'Umanesimo e il Rinascimento, giungendo all'Illuminismo con il venir alla luce, infine, nel 1700 di una nuova concezione dell'Estetica che si rendeva autonoma sganciandosi dalla filosofia da ogni rapporto con le istanze di carattere promozionali, educative, diciamo più genericamente, sociali. E' il tedesco A. Baumgarten che utilizza il termine Estetica dando

"luogo all'idea che vigano precise forme e regole generali di connessione anche nell'elemento sensibile ed immaginativo, esattamente come in quello intellettuale-razionale, e che ci sia una logica della capacità di immaginazione"(89).

 Quasi contemporaneamente Kant definì, ne *"La critica del giudizio"*, quelle che avrebbero dovuto essere riconosciute come tre specie di belle arti (sancendo la scissione fra arti belle, liberali e aureatiche e arti basse, funzionali e di carattere artigianale): le arti figurativo-visuali, quelle verbali poetiche e quelle del gioco e della narrazione. Qualche anno prima G.B. Vico aveva indagato sul valore delle espressioni artistiche in relazione al vero; mentre in Francia il contemporaneo di Baumgarten: Batteaux e poi d'Alambert nella Enciclopedia, individuano nell'imitazione il principio essenziale di tutte le specie artistiche. Il Inghilterra, sempre attorno alla metà del 700, Shaftbury e Burke, ritenevano che lo scopo principale dell'educazione fosse quello dello sviluppo della sensibilità e del gusto estetico, che peraltro costituivano un sentimento di virtù morale innato nell'uomo ma da coltivare attraverso una adeguata formazione (90); il pensiero romantico, infine, consideravano la nuova cultura estetica scienza capace di dare un giudizio sull'arte comprendente concetti analitici e descrittivi quali il Sublime, il Bello, l'Immaginifico.

Alla fine del periodo pericleo ed aristotelico viene meno l' immediatezza e dell'esplicita azione educativa; successivamente, con l'affermarsi del cristianesimo, che propone la drammatizzazione del sentimento tragico come strumento di veicolazione del pentimento e di instaurazione, nel singolo, dello stato di grazia, il 'compito educativo' della rappresentazione tragica ha termine (la Divina Commedia può essere considerato un esempio, il più celebre, dell'avvenuto mutamento). Alla Polis si sostituisce la comunità cristiana dei singoli, che si costruisce con l'essere in stato di grazia di ciascuno; successivamente, il perseguimento della grazia trova la sua articolazione mondana (ed economica) nel proto-capitalismo e con l'affermarsi definitivo della classe borghese, soprattutto, e con una declinazione particolare, nella borghesia dei paesi 'riformati', nord europei, in concomitanza dell'affermarsi degli Stati-nazione e degli Stati-impero. Andando ancora più avanti, con l'affermarsi delle nuove tecnologie e, in particolare, della stampa, il compito di educare e formare i nuovi valori estetici e spirituali passerà al mezzo stampato per eccellenza: al libro, specificatamente al Romanzo, ma anche ai manuali divulgativi di edificazione civile e delle 'buone maniere'; mentre la formazione della neonata opinione pubblica, sarà attribuita al giornale, alle gazzette, ai bollettini informativi e dei mestieri. Il teatro percorrerà strade diverse, divenendo sempre più appannaggio delle classi più colte e di un pubblico scelto e 'delle occasioni'. Il sentimento tragico vedrà ridimensionata la sua valenza formativa ed etica, così come il mito che, dopo la 'cristianizzazione', si troverà a rivedere le sue pretese di totalità e sostanzialità. Il mito, come insegna C. Levi-Strauss, iniziò una percorrenza di tipo storico (91) venendo meno, in parte, a quello che era stato il suo primato nelle attività di costruzione delle rappresentazioni sociali, le quali divennero costruzioni   di produzione religiosa, ideologica e poi anche di carattere tecnologico-scientifico-mediatica. La trama mitica perde la sua coerenza e il suo ordine di senso, sfilacciandosi e frammentandosi spargendosi in vari ambiti: quello religioso teologico(92), quello delle tradizioni e del folclore, della narrazione immaginifica e fiabesca, nei mini-miti odierni, e, nel XVII-XVIII secolo, nella letteratura romanzata(93).

Il sentimento tragico passa così dalla cronaca del mito alla cronaca dei fatti sociali

"Che il mondo…sia diventato in misura e con intensità crescenti, il luogo tragico in cui si alternano e si intrecciano crisi economiche, guerre, rivolte e repressioni, in cui incombono minacce, ricatti, stragi, pulizie etniche è piegato in modi diversi: ad esempio l'ideologia marxista quale risultato inevitabile dell'esasperazione dei contrasti di classe…dalle dottrine psicoanalitiche quale esplosioni in grandi proporzioni di un sottofondo nevrotico; dall'esistenzialismo… quale manifestazione di una condizione umana corrosa costituzionalmente da ambiguità, contraddizioni e tensioni senza fine"(94)

La crisi di questo primo decennio del secondo millennio, a parere di chi scrive, non può essere annoverata come l'ennesima crisi mondiale che periodicamente investono il sistema capitalistico e di mercato, viceversa, l'attuale condizione mondiale presenta dei caratteri completamente diversi rispetto le crisi periodiche di sistema. Se e ne usciremo e quando, l'organizzazione dei rapporti socioeconomici ed umani interpersonali saranno totalmente diversi. Il mondo del lavoro, i rapporti internazionali, i rapporti sociali e interpersonali, le economie, i criteri di allocamento e sfruttamento delle risorse della natura, lo stesso sistema di mercato sarà concepito come struttura caratterizzata da crisi e bolle finanziarie-speculative che si succederanno con sempre maggior frequenza a scapito del lavoro produttivo, manifatturiero e industriale, causando rapidi e radicali impoverimenti in intere aree e regioni del mondo ai quali faranno da riscontro altrettanto improvvisi, ingenti arricchimenti. L'accelerazione dei tempi causa ed effetto dell'ipercinesia tecnologica, la crescente concentrazione delle ricchezze, delle risorse e dei profitti, la cattiva globalizzazione, i grandi movimenti migratori, e la precarizzazione delle condizioni di vita, l'aumento a dismisura dei poteri delle grandi corporations vedranno emergere, fra l'altro, sul piano antropologico e sociologico, un allargamento della percentuale del Rischio nell'ambito della vita quotidiana. Un processo di incremento della rischiosità relazionale iniziato già a metà del XIX secolo, in questo ultimo decennio ha subìto un incremento vertiginoso, facendo sì che l'incognita del vivere attribuibile alla sfortuna, a un destino individuale o collettivo avverso e a vicende aleatorie, sia ora invece attribuibile alle conseguenze delle proprie azioni e decisioni o ad azioni attribuibili a individui e gruppi precisi, nostri contemporanei più o meno prossimi(95), Questa individuazione nelle attribuzioni delle colpe, frutto anche di nuove esperienze di riflessività, vede come conseguenza a un nuovo modo di avvicinarsi al prossimo, a una nuova etica, almeno nei paesi occidentalizzati del globo, sia privata che pubblica, a nuovi stili di esercizio della reciprocità e della fiducia, dell'affettività e delle relazioni umane più in generale, facendo sì che queste ultime si allineassero sempre più sotto il segno della precaria frammentarietà, dell'incertezza e, appunto, della rischiosità percepita e reale. Il che ha determinato a sua volta un aumento del margine patologico dei rapporti micro di carattere affettivo e sentimentale, con i devastanti esiti dei quali la cronaca e i giornali ci danno solo il resoconto più estremo: la punta dell'iceberg. In questo senso la già richiamata 'famigliarità universale' di husserliana memoria, sembra essersi alquanto appannata; è infatti negli anfratti, nelle nicchie della quotidianità, nella 'microfisica' dei legami intimi che sembra emergere una esperienza contemporanea del Tragico e che si incardina in quelle situazioni e in quelle figure sociali più fragili ed esposte: le donne, i minori, gli anziani, i disabili, gli immigrati e le diversità minoritarie. Sembra che oggi l'opinione pubblica diffusa segua e in maniera più o meno indotta (e macabra) si appassioni agli eventi criminali –enfatizzati dai media- di natura intrafamigliare

"così come gli ateniesi dell'età di Pericle si appassionavano alle sanguinose fasi che si intersecavano nella struttura narrativa di Medea, dell'interminabile catena di omicidi, infanticidi, incesti che dalla mitologia giungevano alla realtà attraverso la tragedia"(96).

Però, come abbiamo detto, l'ethos e l'empatia di produzione mediatica nulla ha a che vedere con quelli prodotti dalla comunità della Polis, la catarsi –in particolare- non funziona; pertanto la vicenda della tragedia di cronaca non va oltre quella che è una notizia, una informazione eclatante, un superficiale annuncio, da orecchiarsi –più o meno morbosamente- in TV, a volte anche 'estetizzarla' attraverso una narrazione ridondante, una 'fiction' o una 'soap',o, ancora, un 'talk' che riduce tutto a 'chiacchiera'. L'evento invece potrebbe essere oggetto di riflessione, ripresa e ri-narrata, riprodotta, in sede terapeutica-educativa, a livello individuale, o nel piccolo gruppo, attraverso specifiche tecniche rielaborative, che possono riproporre una sorta di catarsi pubblicamente circoscritta, al fine di superare, non solo a livello della singola persona vittima o protagonista dell'evento, la connotazione patologica.

Le vittime prevalenti di questa attuale fase di anomica, di lacerante transizione sono vittime di genere, segno –tra l'altro- della riemersione di un antico e ancestrale retaggio: quello del patriarcalesimo, o almeno di qualcuna delle sue molteplici forme. Quella forma più resistente e più incistata nei recessi reconditi, arcaici e primordiali della mente, che riemerge in forma carsica, incarnandosi sotto vari aspetti e contraddizioni della cultura e della società corrente. Quanto c'è di mentalità patriarcale nel sovrano Creonte? E quanto ve ne è negli ordinamenti della città di Tebe, o nella democrazia ateniese. Perché Medea, probabilmente figlia di una cultura matrilineare, crolla disgustata in quella che è la realtà socio-culturale di Corinto? Indubbiamente forme varie, residuali ma resistenti e attive allignano negli anfratti della nostra tarda modernità, nonostante i mutamenti nei costumi, nonostante gli impianti normativi-legislativi di pari opportunità statuali e sovrastatali: leggi, raccomandazioni, circolari, direttive ecc. tese al compimento di sempre nuovi passi nel percorso delle pari opportunità, del superamento delle ingiustizie e delle disparità. La nostra post-modernità propone un *mood* normativo di contrasto agli assetti autoritari delle società e degli Stati, veicolando un pensiero della differenza (sessuale, di genere, di razza ecc), il che si traduce con un generale riconoscimento e aumento della quota dei 'diritti'; ma al tempo stesso si assiste al dilagare di inedite e nascosti impulsi oppressivi rivolti verso l'uomo stesso, verso la natura e l'ambiente, i quali presentano dei tratti -neanche tanto reconditi- di una mentalità prevaricatrice di coloritura patriarcale. Come se in superficie si andasse in un senso e nell'Acheronte, invece, ci si muovesse all'inverso, con improvvise quanto violente tracimazioni in superficie, alimentando un tragico che non trova catarsi, un *tremendum* che non trova formattazione razionale. Una cronaca buona per una pedagogia e una precettistica in negativo, capace di suscitare angoscia, esasperato conflitto, dolore, senza un autentico e pubblico com-patimento, come era invece nella tragedia antica(97). Un evento di cronaca che tutt'al più riesce a raggiungere (quando va bene) un salotto televisivo o il manuale di psicopatologia.

La studiosa francese J. Marineau ha ideato un modello pratico e operativo di mediazione famigliare, anche generalizzabile a altre ambiti mediativi (mediazione interculturale, etnica, scolastica, giudiziaria, penale) che si rifà alla trama e ai contenuti del conflitto così come questo viene rappresentato nel dramma tragico. La Mediazione come strumento stragiudiziale o pre-giudiziale, ma anche come strumento riflessivo e di conoscenza di sé in relazione all'Altro, che può essere utilizzato per prevenire quegli episodi che se finiscono alla ribalta della cronaca vengono definiti 'eventi tragici', raptus che secoli fa i grandi autori mettevano davanti agli occhi della comunità: l'omicidio di genere, ma anche l'infanticidio(98), lo xenocidio ecc. Uno strumento che richiede uno sforzo di riflessività pedagogicamente esercitato, corrispondente a un percorso formativo sia maieutico che psicologico (almeno per quanto riguarda la Mediazione delle relazioni famigliari e post-coniugali)(99). Risorse riflessive pedagogicamente orientate per ricavare un 'rimedio' che consenta il superamento della situazione di disagio e criticità e la prevenzione di quello che potrebbe avere un esito violento e anche luttuoso(100).

In definitiva a proposito delle prospettive educative e formative del tragico, sia come esperienza vissuta o esperita attraverso il coinvolgimento teatrale, mi sembra opportuno ricordare quanto scritto da G. M. Bertin, scomparso nel 2002, il quale nel suo già citato saggio, in particolare dalla pagina 169 alla 177, sostiene che, essendo la tragedia espressione e rappresentazione vissuta o metaforico-lettararia della condizione umana, implicitamente risulta essere il veicolo per la formazione alla autenticità esistenziale e a una sempre più competente riflessività su sé stessi e sulla realtà che ci circonda, contro l'inautenticità operante nelle società massificate ed etero dirette della contemporaneità occidentale, nella consapevolezza e nell'accettazione-confronto dell'Alterità, geograficamente prossima o lontana, nell'Ethos della interculturalità e dell'accettazione delle differenze.

Occorre poi prendere in considerazione il cinema come linguaggio ricostruttivo della realtà, attraverso l'elaborazione artistica (e tecnica) della verosimiglianza, cioè di una mimesi percettivamente più intensa e immediata rispetto alle altre forme espressive. Bertin parla di una solida presenza della coscienza tragica nel cinema, quale medium ibrido e di contaminazione fra arti tradizionali (fra queste anche il teatro tragico) e arti della modernità e della riproducibilità tecnica(101)), limitandosi a ricordare a titolo esemplificativo, alcuni titoli dei films di Bunuel: *"L'angelo sterminatore"*, *"Simon del deserto"* e alcuni films di J. Losey: *"Il servo", "Caccia sadica".* Per quanto riguarda il 'tragico esistenziale', Bertin annovera alcuni films di Antonioni sulle tematiche della inautenticità e della tragica condizione alienata dell'essere umano: *"Il grido", "Deserto rosso", "La notte", "L'eclisse"*. Poi, sempre riguardo il tema del 'tragico esistenziale'(102) va ricordata la filmografia 'nordica' di I. Bergman: *"Il settimo sigillo", "Il posto delle fragole", "Sussurri e grida", "Persona", "Luci d'inverno", "Immagine allo specchio"* e altri.

Poi, oltre ai film-documento e di attualità che raccontano le vicende tragiche in corso nel mondo: guerre, deportazioni, esodi di massa, concentramenti, muri, disperate correnti migratorie che percorrono molti sentieri del globo, le pulizie etniche ecc., vorrei aggiungere alcuni autori italiani: Visconti, Pasolini e Pontecorvo.

Il primo con *"La caduta degli Dei", "Gruppo di famiglia in un interno"*, e, in particolare, *"Rocco e i suoi fratelli"*: un film la cui trama narrativa e scenica riprende diverse figure e alcuni Topoi della tragedia classica. La situazione storico sociale di transizione, contrassegnata da anomia e sradicamento, rappresentata dalle migrazioni interne ed esterne nel novecento, di masse contadine e inurbate, il passaggio rapido da una realtà agricolo-pastorale a una industriale e urbano-metropolitana, lo spaesamento e il venir meno dei valori riconosciuti ancestrali e vincolanti. La famiglia Paronti vive in maniera drammatica questa transizione: il venir relativamente meno e in maniera anomica, del vincolo patriarcale, mentre tutte le regole che prima costituivano arcaici e indiscussi vincoli quasi sacrali, perdono improvvisamente i loro significati e il loro specifico etico-normativo ed empatico. L'evento criminoso perviene al culmine di un succedersi di eventi e 'fatti' predisponenti e conseguenziali, il sacrificio del capro espiatorio (Rocco) si dimostra inefficace, la famiglia, la saga dei Paronti si sgretola, il Coro (che può essere individuato nei frequentatori del bar della periferia milanese abitata dai Paronti) purtroppo, in quella situazione di frammentazione sociale ed anomia, non riesce a esplicare la sua funzione ammonitrice, educativa e riparativa, degradandosi a una presenza di pubblico pettegolezzo, calunnia e denigrazione.

Le opere letterarie e cinematografiche di P.P. Pasolini sono dotate di un notevole vigore tragico. Oltre le pregevoli trasposizioni cinematografiche di Medea e di Edipo Re, molta sua filmografia si connota per la convergenza formale e sostanziale con il teatro e il sentimento del tragico. Le vicende dei *"Ragazzi di vita"*, *"Una vita violenta"* (sia per quanto riguarda la pagina scritta, sia la trasposizione cinematografica), *"Mamma Roma"*, *"Salò... "*, si pongono all'incrocio di diverse semantiche e possibilità interpretative di generi diversi: la Tragedia, il Romanzo di formazione, la rappresentazione religiosa. Va poi segnalato l'uso, nel cinema, di evocative e drammatizzanti raffigurazioni iconografiche, tratte da opere del Pontormo, e Caravaggio in particolare.

Di Pontecorvo va menzionato, tra gli altri, il film *"Kapò"*, che vede protagonista la giovane ebrea Edith e il giovane soldato dell'Armata Rossa Sascha, prigioniero nello stesso campo di concentramento dove Edith intanto è diventata, dopo una scelta di drammatica sopravvivenza, una spietata Kapò. I due si troveranno nelle scene finali a dover compiere una scelta di tragica consapevolezza e drammaticamente etica, che costerà a Edith la vita e a Sascha l'annientamento esistenziale.

Simone Weil ha espresso le potenzialità educative della Tragedia, un po' come Hofmannsthal pensava a un suo uso pedagogico-popolare, però –a differenza della Weil- in senso reazionario e restaurativo. Quest'ultima propone, invece, la possibilità di una riproposizione in termini etico-politici delle rappresentazioni tragiche e dei suoi protagonisti; a una 'vocazione' educativa di quel repertorio traducibile, anche nella nostra contemporaneità, in termini popolari e divulgativi a fini normativi e politico-rivoluzionari (103).

La grandezza dell'arte tragica del teatro e delle varie forme e manifestazioni, la varietà dei suoi linguaggi espressivi assunti nel corso dei secoli, testimoniano la sua capacità di reinventarsi e di assumere forme diverse in campo artistico ed estetico rappresentativo, mantenendo un vigore formativo e normativo. Essendo espressione di un sentimento connaturato nell'animo umano le possibilità ibridative, reiventive sono infinite con diversi gradi di 'fedeltà' al canone originario e classico. Bourdieau suggerisce che la ricezione dell'arte in sé "è un fenomeno plurimo, che spiega la continua ri-creazione dell'arte a ogni sua ri-lettura"(104), questo è valido ancor di più per il genere letterario e teatrale tragico. In quest'ottica l'opera epigona del novecento fino ai giorni nostri, non fa altro che rinnovare e inverare un archetipo perennemente in vigore con tutto il suo 'portato' di eticità. In questa fase storica, di passaggio alla cosiddetta post-modernità, in cui l'etica (le etiche) assume da un lato una dimensione sempre più plurale, mentre dall'altro, contemporaneamente, va sempre più estetizzandosi, la tragedia potrebbe assumere una ulteriore (e attuale) rilevanza educativa, in quanto strumento di sostegno 'didattico' per individuare la soluzione personale-riflessivi rispetto i nuovi interrogativi che l'attuale complessità sociale lascia emergere quotidianamente, essendo –proprio la tragedia- un racconto mitico di connessione fra l'ambito formativo/educativo, etico ed estetico.

NOTE

(1)   W, Tatarkiewicz, *"Storia dell'Estetica"*, Vol. I° Einaudi, Torino 1979, p. 178.

(2)   Ibidem p. 179.

(3)   Platone in più occasioni "parla di funzione antisociale della poesia e dell'arte che, in quanto agitatrici delle forze pulsionali dell'uomo sembrerebbero difficile al dominio della ragione, comportando disagio per tutta la società. Aristotele rovescia la posizione platonica, sottolineando il valore catartico –di liberazione- dell'arte, specie dell'arte tragica"(M. Cimini, op.cit. p. 15). Comunque al di là di queste antiche divergenze va detto che la rappresentazione teatrale tragica pare non abbia mai avuto un pubblico specifico e privilegiato, il suo linguaggio era universale perchè quello della tradizione rinnovata e della ritualità del mito. Sembra infatti che nella Grecia periclea –solo qualche generazione dopo l'originale scrittura (o riscrittura) dei tre tragediografi classici- il fruitore di questo tipo di rappresentazione sia stato il popolo tutto, senza particolari destinatari. La finalità pratica –Aristotele teneva bene a precisare questa finalità almeno per una sezione della produzione artistica (Cfr. D. Neri , *Filosofia morale,*Guerini edit. Milano 1999, p. 101) era poi quella della formazione di una classe sociale votata alle virtù di governo e di guerra, virtù che qualcuno doveva esercitare, ma che tutti dovevano riconoscere e condividere: una sorta di Koiné alla quale conformarsi e identificarsi.

(4)   U. Galimberti, *"Orme del sacro,* Feltrinelli, Milano 2000, pp.17, 18

(5)   A. Hauser , *"Storia sociale dell'arte"*, Vol. I° Einaudi, Torino 8° ediz. 1975, p. 111

(6)   W. Goldsmith, *"Aretè: motivazioni e modelli di comportamento"*, in *Psichiatria ed Antropologia"*, F. Angeli edit., Milano 1978, p. 62. E' probabile che i termini *kalokagathia* e *Aretè* riassumano al meglio –anche se a grandi linee- quelle che furono le diverse concezioni e accezioni della bellezza nel mondo Greco classico e antico. Però bisogna tener conto che questi due termini a loro volta, ne implicavano altri, come *Kairòs* che stava a significare il momento più opportuno per cogliere la bellezza (*Kalòn*), 'l'attimo fuggente'; oppure *Télos* che indicava il fine e l'orientamento della bellezza (e del buono); o, ancora, *Kallisté*, che, soprattutto fra gli eraclitei indicava la bellezza suprema e otale, oppure la *Aisthesìs*: le sensazioni provate dalla bellezza (e dal buono) ecc. Non rientra negli obbiettivi di questo studio esaminare con un certo grado di profondità questa tematica, per la quale si può confrontare il testo di U. Curi *"L'apparire del bello. Nascita di un'idea"*, Bollate Boringhieri, Torino 2013, in particolare i primi tre paragrafi, da p, 9 a p. 73

(7)   Cfr. Ibidem p. 74, 75. Il filosofo U. Curi, prende in esame il concetto antico plurale e drammaticamente complesso di Bellezza, prendendo in considerazione anche il valore estetico della tragedia classica, in particolare coglie la duplicità della radice etimologica del termine *Kalokogathia. Kalon* che sta più o meno a significare l'armonia raggiunta fra idee e forma, la bellezza intesa dinamicamente come Formazione e trans-Formazione, e *Kalos* che, aristotelicamnente, indica la bellezza compiuta nell'accezione meno estetica della bellezza in astratto, ma di qualcosa che invece e ben congeniata e funziona bene con tutti i requisiti necessari. (Cfr. U. Curi, *"L'apparire del bello. Nascita di un'idea"*, op.cit., il capitolo *"La Bellezza del Tragico"* da *p*ag. 58 a 73).

(8)   E K. Jaspers *"Il linguaggio. Sul tragico"*, Guida edit. Napoli 1993, p. 183.

(9)   Aristotele *"Poetica"* 6, 1449 b 23 citato in N. Abbagnano, *"Dizionario di Filosofia"*, Gruppo Editoriale *L'Espresso*, Vol. II°, libro XII p. 674.

(10) Cfr. Ibidem p. 677.

(11) Ib. P. 675.

(12) Cfr. F. Nietzsche, *"Schopenhaur educatore"*, Adelphi, Milano 1992.

(13) p.es. nella scultura –arte apollinnea per definizione- non possiamo non riscontrare,   in molte opere, aspetti di carattere dionisiaco: si pensi, ad esempio, alle sculture di A. Rodin, o alle opere pittorico-performative di molti artisti contemporanei: S. Polloick e altri.

(14) F. Nietzsche, *"La nascita della tragedia"*, Adelphi, Milano 1977, p.21.

(15) Ibidem, p. 37.

(16) F. Nietzsche, *"Scuola ed educazione"*, nota del curatore a p. 54, Armando edit. Roma 1996, p. 54.

(17) Cfr. N. Abbagnano, op.cit. p. 676.

(18) Cfr. K. Jaspers op.cit. p. 176 e 177.

(19) Cfr. G. M. Bertin *"Disordine esistenziale ed istanze della ragione. Tragico e comico, violenza ed eros"*, Ediz. Cappelli, Bologna 1981, da p. 48 a 154:

(20) Cfr. K. Jaspers, op. cit. p. 196.

(21) Ib. p. 212.

(22) C. Morra *"Max Scheler. Un'introduzione"*, Armando edit. Roma 1987,p. 106

(23) Ib. p. 107.

(24) Cfr. G. Renzi *"Frammenti di una filosofia dell'amore, del dolore, del male e della morte"*, con l'introduzione di M. Fortunato, Ediz. Orthotese, Napoli 2011.

(25) I. Adinolfi, Introduzione a S. Kierkegaard *"Il riflesso del tragico antico nel tragico moderno,* Il Melangolo ediz. , Genova 2010, p. 10.

(26) Cfr. C. Fabro, Introduzione a S. Kierkegaard *"Timore e tremore"*, B.U. Rizzoli, Milano 1986, in particolare da p. 7 a p. 17 e 19. Inoltre, si può anche confrontare S. Kierkegaard op. cit. pp 53 e 56.

(27) W. Benjamin *"Il dramma barocco tedesco"*, Einaudi Torino, 1999, p. 33.

(28) Ibidem p. 76.

(29) Ib. pp. 94 e 95

(30) E, Cantarella, Prefazione a Sofocle *"Antigone ed Edipo Re"*, RCS Milano 2012, p. VI.

(31) R. Delle Luche, Introduzione a A. Tatossian *"Edipo in Kakania"*, Bollate Boringhieri, Torino 2002, nota da p. 11 a 12..

(32) Cfr. W. Propp, *"Edipo alla luce del folclore"*, Einaudi, Torino 1975, in particolare da p. 92 a 95.

(33) Ibidem, p. 97.

(34) Cfr. G. Durand, *"Le strutture antropologiche dell'immaginario. Introduzione all'archetipologia generale"*,Ediz. Dedalo, Bari 1991, da p. 62 a 65.

(35) Ibidem, p. 63, 64.

(36) J.P. Vernant, *"Edipo senza complesso"*, Ed. Mimesis Milano 2013, p. 35.

(37) Ibidem, p. 14.

(38) G.M. Bertin, op.cit., p. 80.

(39) Sofocle *"Edipo a Colono"*, Citato in K. Jaspers, op.cit. p.197.

(40) Cfr. K. Jaspers, cit. p. 194.

(41) Cfr. G. M.Bertin, op.cit. p. 28.

(42) Il tema della non sepoltura del parente e le ripercussioni è un tema antico e universale, che, nell'ambito delle culture meridionali, è studiato da E. de Martino, nel già citato *"Morte e pianto rituale"*. Non poteva non costituire, anche poi nelle sembianze del *revenants,* tema ricorrente nella tragedia sia quella classica greca e sia poi quella shakespeariana, nordica e ancora nella trama della tragediografia cattolica e spagnola in particolare, ma anche nella fiaba e nella letteratura immaginifica vi vario tipo e genere.

(43) E. Cantarella prefazione a Sofocle *"Antigone ed Edipo Re,* RCS libri, Milano 2012, p. VIII.

(44) Cfr. J.P.Vernant, op. cit. pp 27e 28.

(45) M. Cacciari, *"La parola che uccide"*, Saggio introduttivo a Sofocle, *"Antigone"*, Einaudi, Torino 2007, p. IX:

(46) Th Mann citato in E. Scalfari, *"Th. Mann diavolo visionario"*, in "La Repubblica" quotidiano del 23/IV/1997.

(47) R. Esposito *"L'origine della politica. Hanna Arendt o Simone Weil?"*, onzelli edit. Roma 1996.

(48) Cfr. M. Cacciari, *"La parola che uccide"*,op.cit. p. VI.

(49) I. Adinolfi, op.cit. p.15. Molti studiosi si riferiscono alla Riflessività come tratto caratteristico della modernità, basti pensare agli studi della sociologa M..S. Archer sulla riflessività personale (Cfr. *"La conversazione interiore, come nasce l'agire sociale"*, *"Riflessività umana e percorsi di vita"*, entrambi editi rispettivamente nel 2006 e 2009 da Erickson, Trento. Oppure il volume *"The reinvention of Politics: Towards a Theory of Reflexisive Modernization"*, di U. Beck, A, Giddens e S, Lash. Per quanto riguarda l'Italia fra I molti, va ricordato P.P. Donati con *"Sociologia della riflessività"*, Il Mulino, Bologna, 2011.

(50) K. Jaspers, op.cit. p. 193

(51) Cfr. G. M. Bertin. Op. cit.. da p. 28 a 30.

(52) Cfr. M. Grant e J. Hazel, *"Dizionario della Mitologia classica"*, CDE Milano, su licenza SugarCo, 1986, p. 203.

(53) J.P. Vernant, op.cit. p. 45.

(54) Cfr. C, Sini, *"Il sapere dei segni"*, op.cit. pp. 29 e 30.

(55) G. Conti Calabrese, *"Pasolini e il sacro"*, Ed. Jaca Book, Milano 1994, p.114.

(56) Ibidem p. 122.

(57) A Tauruès, *"Jeune cinéma"*,n. 45, marzo 1970, citato nella presentazione del CD *"Medea e le mura di Sana'a"*, rimasterizzato da Curti editori; Cfr. M. Grant e J. Hazel, op. cit. pp 184 e 185.

(58) Cfr. M. Donà, *"Il fare perfetto"*, in M. Cacciari e M. Donà *"Arte, Tragedia e Tecnica"*, Cortina edit., Milano 2000, p. 87.

(59) Cfr. W. Benjamin *"Il dramma barocco tedesco"*, op.cit.

(60) Nota introduttiva di L. Liva a S. Kierkegaard, *"Il riflesso del tragico antico..."*, op.cit. p.38.

(61) K. Jaspers, op.cit. p. 179.

(62) M. Cacciari *"Hamletica"*, Adelphi ediz., Milano 2009, p. 71.

(63) K. Jaspers, op.cit. p.201. Echeggiando le motivazioni di Antigone, anche Amleto vuole "convertire la rischiosa inquietudine del cadavere vivente nell'ethos di una onorata memoria" E. de Martino, *Morte e pianto rituale, dal lamento antico al pianto di Maria"* Ediz. Boringhieri, Torino 1977, p.222.

(64) Cfr. Ibidem p. 184.

(65) Cfr. M. Cacciari *"Il produttore malinconico"*, saggio introduttivo a W. Benjamin *"L'opera d'arte nell'epoca della sua riproducibilità tecnica"*, Torino 2011

(66) G.M. Bertin op.cit. p. 34.

(67) Ibidem, p. 50.

(68) A.M. Segala, Introduzione a A Strindberg, *"Gli abitanti di Hemsoo"* e *"Il capro espiatorio"*, Gruppo edit. 'L'Espresso', Roma 2004, pp. XXIV e XXV.

(69) Cfr. G.M. Bertin, op. cit. p. 60.

(70) Cfr, E. Trevi, *"Il Viaggio iniziatico"*, op.cit. da p. 51 a 79.

(71) W. Benjamin, *"Angelus Novus"*, Einaudi, Torino 1995, p.277.

(72) Ibidem, p.291.

(73) F. Masini, Introduzione a F. Kafka, *"La metamorfosi ed altri racconti"*, Garzanti 15^ edizione, Milano 1992, p. XXI.

(74) Cfr. K. Jaspers, op. cit. pp.212 e 213.

(75) M. Cacciari, *"Hamletica"*, op. cit. p.71.

(76) Cfr. F. Masini, op. cit. da p. XIV a XX.

Mi sembra interessante ricordare anche se solo per inciso, che anche Th W. Adorno (e prima di lui anche Benjamin), mette l'accento, nel Tragico, sulla soggezione dell'esistenza a un destino sovrastante, su una colpa inspiegabile, trascendente la comprensione di chi si trova a vivere nel dramma di quell'esperienza; esperienza di estraneazione che si traduce, a livello storico-sociale, nell'alienazione del soggetto. Esemplificative, per Adorno, sono, a tal proposito le opere di Kafka, Beckett e l'assurdità del teatro di Jonesco (Cfr. Th. Wiesengrund Adorno, *"Note per la Letteratura 1943-1961"*, Einaudi, Torino 1979. In merito al dibattito sorto negli anni trenta fra Benjamin e Adorno sulla 'Teologia inversa' di Kafka si può confrontare il bel saggio di F. Desideri *"Il fantasma dell'opera. Benjamin, Adorno e le aporie dell'arte contemporanea"* Il Melangolo, Genova 2002, da p. 80 a 85.

(77) G. M. Bertin, op. cit. p. 87.

(78) G. Benci, Introduzione a H. Von Hofmansthal, *"Electra"*, Ediz Garzanti, Milano 1981, p. XX.

(79) A. Janick, S. Toulmin, *"La grande Vienna"*, Ediz, Garzanti, Milano 1984, p. 81.

(80) U. Curi, op. cit. p 70.

(81) A. Janick, S. Toulmin, op. cit. pp. 117 e 118.

(82) Cfr. Ibidem, p. 118.

(83) A titolo esemplificativo posso indicare alcuni testi che, in qualche modo, possono essere indicative e rispondere, anche solo in parte all'esigenza di fornire una generale panoramic panoramic storico-filologica su quell'epoca. Oltre i già citati Tatarkiewicz e Hauser, mi sembrano indicativi: A. Capizzi *"L'uomo a due anime"* del 1968 e altri suoi testi. Interessante mi è anche sembrato lo studio di R. Wittkawer e M. Wittkawer, *"Nati sotto Saturno". La vita degli artisti dall'antichità alla Rivoluzione Francese"*, Einaudi, Torino 1996. Infine, per una breve sintesi di carattere estetico e socio-antropologico, vorrei ricordare il sintetico volumetto di R. Finocchi, *"Arte e non arte. Per una Sociologia dell'Estetica"*, Meltemi edit., Roma 2005, in particolare da p. 31 a 60.

(84) R. Finocchi, op. cit. p. 37.

(85) J. P. Vernant, op. cit. p. 13

(86) R. Finocchi, op. cit. p. 38 e sgg.

(87) Ibidem, p. 47.

(88) E. Cassirer, *"Mito e concetto"*, La Nuova Italia, Firenze 1992, p.12.

(89) Cfr. J. Wojnar, *"Estetica e Pedagogia"*, La Nuova Italia, Firenze 1970, da p. 34 a 38.

(90) C. Levi-Strauss *"Mito e significato"*, Il Saggiatore, Milano 1980, in particolare il paragrafo *"Quando il mito diventa storia"*, da p. 47 a p. 55.

(91) Il rapporto religione cristiana e mito è assai complesso,nell'ampia letteratura in materia sicuramente va menzionato sinteticamente il testo di J. Ries *"Mito e significato"*, già citato, in particolare i riferimenti a Plotino e altri apologisti cristiani, da p. 68 a 83 e poi i rapporti fra il mito e la Bibbia, il capitolo *"Mito e Bibbia. La tesi di R. Bultmann"*, da p. 133 a p. 147.

(92) Cfr. C. Levi-Strauss, *"Mito e significato"*, cit. p. 58.

(93) G. M. Bertin, op.cit. pp. 86 e 87

(94) Cfr. U. Beck, *"La   società del rischio: verso una seconda modernità"*, Il Mulino, Bologna 2000; A, Giddens *"le conseguenze della modernità, fiducia e rischio, sicurezza e pericolo"*, Il Mulino, Bologna 1994.

(95) M. Centini *"La Criminologia"*, Xenia, Milano 2010, p. 37.

(96) Cfr. S. Kierkegaard, op.cit. p. 64 e sgg.

(97) Cfr. C. De Gregorio, *"Donne che uccidono I figli"*, in "La Repubblica", quotidiano del 14/III/2014

(98) Cfr. M. Ruzzeddu, *"Mediazione e post-modernità"*, in "Sociologia", rivista quadrimestrale di scienze storiche e sociali, a. XXXVIII, n. 2/2004, p. 17.

(99) Cfr. Ibidem p. 18.. Anche l'antropologa Vera Das, nel suo *"L'atto del testimoniare. Violenza, conoscenza e soggettività"*, in F. Dei, *"Antropologia della violenza"*, Meltemi, Roma 2005, da p. 215 a 220, illustra come l'esperienza vissuta direttamente o appresa dalla rappresentazione pubblico-teatrale (animata) della violenza subita o esercitata, sia essa di carattere etnico, religioso o culturale o socio relazionale (bullismo, mobbing, violenza intrafamigliare ecc.), possa essere 'addomesticata' catarticamente, dopo appunto la sua ritualizzazione o ri-narrazione animata (p.215), attraverso anche lo spunto paradigmatico della vicenda e della figura altamente emblematica di Antigone. (Cfr. ib. P. 217 e sgg.).

E. de Martino, in *"Morte e pianto rituale"*, (op.cit.) ci fa notare come la configurazione drammaturgica tragica, come p.es. *"Le Troiane"* di Euripide, l'aspetto mimico in particolare, possa poi ritrovarsi nei rituali delle pratiche funerarie delle nostre realtà contemporanee, come strumento di ritualizzazione del dolore e la lamentazione, ripetendo e limitando quindi gli effetti devastanti.

(100) Cfr. A. Abruzzese, *"Lessico della comunicazione"*, Meltemi edit., Roma 2003, pp. 29 e 30.

(101) G. M. Bertin, op. cit. da p. 149 a 151.

(102) S. Weil , *"Il racconto di Antigone ed Elettra"*, prefazione di G.C. Gaeta, ediz. Il Melangolo, Genova 2009.

(103) V. Zolberg, *"Sociologia dell'arte"*, Il Mulino, Bologna 1994, p. 86 e sgg.

BIBLIOGRAFIA

1) N. Abbagnano, *" Dizionario di Filosofia"*, Gruppo editoriale L'Espresso, Vol. II, libro XII,

2) A Abruzzese, *"Lessico della Comunicazione"*, Meltemi edit., Roma 2003

3)I.Adinolfi, Introduzione a S. Kiekegaard *"Il riflesso del Tragico antico sul Tragico moderno"*, Il Melangolo, Genova 2010.

4) M.S. Archer, *"La conversazione interiore, come nasce l'agire sociale"*, Erickson, Trento 2006.

5) M.S. Archer, *"Riflessività umana e percorsi di vita"*, Erickson, Trento 2009

6) U. Beck, *"La scoietà del rischio. Verso una seconda modernità"*, Il Mulino, Bologna 2000.

7) G. Benci, Introduzione a H. von Hoffmansthal, *"Electra"*, Garzanti, Milano 1981.

8) W. Benjamin, *"Il dramma barocco tedesco"*, Einaudi, Torino 1999.

9) W. Benjamin, *"L'opera d'arte nell'epoca della sua riproducibilità tecnica"*, Einaudi, Torino 2011.

10) W. Benjamin , *"Angelus Novus"*, Einaudi, Torino 1995

11) M. Cacciari, *"La parola che uccide"*, saggio introduttivo a Sofocle, *"Antigone"*, Einaudi, Torino 2007.

12) M. Cacciari, *"Hamletica,* Adelphi, Milano 2009.

13) M. Cacciari, *"Il produttore malinconico,* saggio introduttivo a W. Benjamin, *"L'opera d'arte nell'epoca della sua riproducibilità tecnica"*, cit.

14) E. Cantarella, Prefazione a Sofocle, *"Antigone e Edipo Re"*, RCS, Milano 2012.

15) A. Capizzi, *"I Sofisti"*, Nuova Italia, Firenze, 1976.

16) A. Capizzi, *"L'uomo a due anime"*,La Nuova Italia, Firenze, 1988.

17) E. Cassirer, *"Mito e concetto"*, La Nuova Italia, Firenze 1993.

18) M. Centini, *"La Criminologia"*, Xenia, Milano 2010

19) G. Conte-Calabrese, *"Pasolini e il sacro"*, Jaca Book, Milano 1994.

20) V. Das, *"L'atto del testimoniare. Violenza, conoscenza, soggettività!"*, in F. Dei, *"Antropologia della violenza"*, Meltemi, Roma 2005.

21) C. De Gregorio, *"Donne che uccidono i figli"*, in "La Repubblica", quotidiano del 14/III/14.

22) N.M. De Feo, *"Introduzione a Max Weber"*, Laterza, Bari-Roma, 1999.

23) R. Delle Luche, Introduzione a A. Tatossian, *"Edipo in Kakania"*, Bollate-Boringhieri, Torino 2002.

24) E. de Martino, *"Morte e pianto rituale"*,Boringhieri, Torino 1977.

25) F. Desideri *"Il fantasma dell'opera. Benjamin. Adorno e le aporie dell'arte contemporanea"*, Il Melangolo, Genova 2002.

26) M. Donà, *"Il fare perfetto"* , in M. Donà, M. Cacciari, *"Arte, tragedia e tecnica"*, Cortina, Milano 2000.

27) P.P. Donati, *"Sociologia della riflessività"*, Il Mulino, Bologna 2011.

28) G. Durand, *"Le strutture antropologiche dell'immaginario. Introduzione all'archetipologia generale"* Dedalo, Bari 1991.

29) R. Esposito, *"L'origine della politica. Hanna Arendt e S. Weil"*, Donzelli, Roma 1996.

30) C. Fabro, introduzione a S. Kierkegaard, *"Timore e tremore"*, Bibl. Univ. Rizzoli, Milano 1986.

31) R. Finocchi, *"Arte e non arte. Per una sociologia dell'estetica"*, Meltemi, Roma 2005.

32) U. Galimberti, *"Orme del Sacro"*, Feltrinelli, Milano 2000.

33) A. Giddens, *"Le conseguenze della modernità"*, Il Mulino, Bologna 1994.

34) M. Grant, J. Hazel, *"Dizionario della Mitologia classica"*, CDE, Milano, licenza SugarCo, 1986.

35) A. Hauser, *"Storia sociale dell'arte"*, Vol. I°, Einaudi 8° edizione, Torino, 1975.

36) K. Jaspers, *"Il linguaggio. Sul Tragico"*, Guida, Napoli 1993.

37) A. Janick, S. Toulmin, *"La grande Vienna"*, Garzanti, Milano 1984.

38) S. Kierkegaard, *"Il riflesso del tragico antico nel tragico moderno"*, introduz. Di L. LIva, Il Melangolo, Genova 2010.

39) C. Levi-Strauss, *"Mito e significato"*, Il Saggiatore, Milano 1980.

40). Masini, introduzione a F. Kafka, *"La metamorfosi ed altri racconti"*, Garzanti 15° edizione, Milano 1992.

41) A. Melucci (a cura di), *"Verso una sociologia riflessiva"*, Il Mulino, Bologna 1998.

42) D. Neri, *"Filosofia Morale"*, Guerrini, Milano 1999.

43) F. Nietzsche, *"La nascita della Tragedia"*, Adelphi, Milano 1977.

44) F. Nietzsche, *"Scuola ed educazione"*, Armando, Roma 1996.

45) W, Propp, *"Edipo alla luce del folclore"*, Einaudi, Torino 1975.

46) G. Renzi, *"Frammenti di una filosofia dell'amore, del dolore, del male e della morte"*, introduzione di M. Fortunato, Orthotese, Napoli 2011.

47) J. Ries, *"Il mito e il suo significato"*, Jaca Book, Milano 2005.

48) M. Ruzzeddu, *"Mediazione e post-modernità"*, in "Sociologia rivista quadrimestrale di Scienze storiche e sociali", anno XXXVIII, n. 2/2004.

49) E. Scalfari, *"Thomas Mann, diavolo visionario"*, in "La Repubblica", quotidiano del 23/IV/1997.

50) A.M. Segala, Introduzione a A. Strindberg, *"Gli abitanti di Hamsoo"*, *"Il capro espiatorio"*, Gruppo editoriale L'Espresso, Roma 2004.

51) C. Sini, *"Il sapere dei segni"*, Jaca book, Milano 2012.

52) A. Tatarkiewicz, *"Storia dell'Estetica"*, Vol.I°, Einaudi, Torino 1979.

53) E. Trevi, *"Il viaggio iniziatico*, Laterza, Roma-Bari 2013.

54) J.P. Vernant, *"Edipo senza complesso"*, Mimèsis, Milano 2013.

55) S. Weil, *"Il racconto di Antigone ed Elettra"*, prefazione di G.C. Gaeta, Il Melangolo, Genova 2009.

56) R. Wittwaker, M. Wittwaker, *" La vita degli artisti dall'antichità alla Rivoluzione francese"*, Einaudi, Torino 1996.

57) I. Wojnar, *"Estetica e Pedagogia"*, La Nuova Italia, Firenze 1970.

58) V. Zolberg, *"Sociologia dell'arte"*, Il Mulino, Bologna 1994.

IL CAMMINO DI PINOCCHIO: DAL GIROVAGARE PICARESCO ALL'ITINERARIO INIZIATICO

Breve riflessione introduttiva

Il romanzo come genere letterario compiuto, definitivo e specifico, nasce per un verso con l'affermarsi definitivo in Europa della borghesia, in particolare la borghesia industriale e urbana(1), dell'altro con l'ascesa e il raggiungimento della piena maturazione dell'Illuminismo coevo e quasi contemporaneo a questo genere, si assiste alla nascita della letteratura per l'infanzia e l'adolescenza, in concomitanza con quella che poi storici, sociologi ed educatori definiranno "la scoperta dell'infanzia". L'ottocento, in un certo senso chiude con l'Illuminismo, dando spazio, da un lato all'aspetto romantico dell'esperienza artistica e letteraria, e, dall'altro alla conoscenza positivista e scientista che permea di sé le scienze sociali ed umane (pedagogia, sociologia, antropologia, filosofia ecc), lambendo anche aspetti non marginali delle attività e delle esperienze narrative dell'epoca, e penso, *in primis,* a molta narrativa per ragazzi, in particolare quella di natura pedagogica e precettistica: *Giannetto, Minuzzolo,*fino a Salgari e *Cuore, "Il libro per giovinetti"* del Mantegazza e altri ancora.

In Italia il Romanzo si affermò con un certo ritardo, e, per quanto riguarda il Romanzo di formazione, anche per influenza –direi diretta– dei modelli stranieri e dopo una perdurante fase 'cantistica' e 'novellistica'(3). Il Romanzo, sostiene Asor Rosa, si genererà

 con un'adeguata affermazione delle società di un ceto borghese... di un Io, e di una coscienza individuale borghese...e ciò si verificherà piuttosto nel Nord Italia che da Firenze in giù (4)

E' considerata suggestiva, ma non azzardata, l'ipotesi che, essendo ridotta in Italia la *Weltanschaaung* della borghesia in ascesa, l'*ethos* riformistico, innovativo e imprenditorial-produttivistico, la narrativa che, sotto varie forme (favolistica, pedagogica, documentaristica, avventurosa ecc), viene indicata con il termine 'narrativa per l'infanzia e i ragazzi', abbia, sostituito, o meglio sarebbe dire, surrogato in qualche modo, il Romanzo tipico nel suo genere,e con esso, il cosiddetto Romanzo di Formazione, in tutte le sue varie declinazioni, così come si era andato affermando in tutta l'Europa 'riformata': il *Bildungsroman* tedesco, il *Roman d'education* francese, quello formativo inglese e altri.
E' a cavallo della metà dell'800 che in Italia si afferma, anche sotto (in un secondo momento) l'influsso di motivi risorgimentali e patriottici, l'attività e

la figura dello scrittore educatore e votato alla formazione del cittadino e patriota. Si aprono le scuole, si volgarizzano i libri, accanto all'istruzione si pone il problema dell'educazione e della formazione. E' il secolo di Collodi, De Amicis, Capuana…fino a Salgari"(5)

Cuore di De Amicis fu il prodotto paradigmatico e emblematico di questo clima politico, culturale, sociale, ideologico e anche letterario. Un libro inteso a perpetuare e utilizzare l'epopea dell'Unità e del Risorgimento, evitando che questa influisca più di tanto nella politica post-unitaria in quella real-politick dell'Italietta di tutti i giorni per molti versi deludente rispetto le epiche aspettative. Capace di evocare e storicizzare, con non poca agiografia ed enfasi, il sentimento patriottico, riassumendo quelli che dovevano essere il compito 'organico' dell'intellighenzia minuta e diffusa di quel periodo (dal maestro elementare al giornalista affermato, dal medico al docente universitario, dal sindaco di paese al funzionario ministeriale, dal letterato al 'cafone' alfabetizzato); il compito era più o meno quello di unire anche linguisticamente oltre che culturalmente, le varie culture locali e periferiche. Un libro a suo modo importante ed originale nel quadro europeo dell'epoca, là dove i confini degli stati nazionali erano ancora da compiere o definire, o dove, invece, molte nazionalità risultavano riunite sotto l'egida dei grandi imperi, che già allora cominciavano ad avere una connotazione gloriosamente e malinconicamente residuale (una residualità che costerà poi, per la sua compiutezza ed effettualità, una gran quantità di morte e distruzione).

Un compito non facile anche perché non era consigliabile scadere nei connotati di un nazionalismo radicale, occorreva invece un 'convincimento' (carota e, se necessario, il bastone) basato più sulla 'colonizzazione' dolce, basata sul più ampio consenso, di quei 'mondi vitali' sparsi al centro e alle periferie dello stivale, sul meticciamento progressivo e il più possibile indolore, cooptando, il più gattopardescamente possibile, le varie istanze e i vari particolarismi territoriali.

Collodi con il suo Pinocchio, a parere di chi scrive, si pone, rispetto a questa letteratura e alla copiosa memorialistica risorgimentale, in una posizione eterodossa ed eccentrica, anche se ci sarà chi metterà in risalto una certa continuità fra le varie produzioni, in particolare con *Cuore*(6). Una eterodossia dovuta alla ambivalente molteplicità e alla pluralità del testo del Collodi. Vi è infatti l'intento diretto e inconfutabile di contribuire, con le avventure del burattino, a scrivere un libro pedagogico ed educativo(7); accanto a questo aspetto esplicito e intenzionale, vi sono altri aspetti più latenti che conferiscono al testo una complessità e profondità tutta moderna e che a tutt'oggi è fonte di interpretazioni, letture e ri-letture, esegesi, traduzioni cosmopolite, e trasposizioni virtuali e quant'altro.

Arriva Pinocchio

Un testo dotato di straordinaria vitalità, capace, ogni volta, di scrollarsi

"di dosso le tante successive interpretazioni, senza lasciarsi appesantire,…con la sua connaturata forza e capacità di imporci la novità di una lettura diretta, di sorprenderci e di rivelarci nuovi dettagli o venature di senso"(8)

Un classico, pare il più tradotto dopo La Bibbia, Il Corano e i Vangeli,e, se è vero quanto dice Calvino e cioè che la favolistica di per sé, è di carattere "migratorio"(9), Pinocchio è proprio il paradigma e l'eccellenza di questa capacità migratoria e mutante, transitando anche attraverso generi e sottogeneri diversi, compendiando, oltre la favolistica o la narrazione educativa, anche aspetti del romanzo picaresco d'origine spagnola (e tedesca), i cosiddetti "racconti di fortuna", del "lazzaronismo", lambendo alcuni aspetti della commedia dell'arte, fino al romanzo di formazione ottocentesco. Semmai ci si può chiedere, come fa G. Gasperini, se

"vi sia ancora qualcosa da dire sulla strana creatura inventata tra il 1881 e il 1883 da Carlo Lorenzini, un giornalista e scrittore toscano, quasi sessantenne, che si firmava Carlo Collodi e che sarebbe morto pochi anni dopo, nel 1890, senza assistere allo straordinario successo mondiale del suo burattino"(10).

Penso proprio di sì. Qualcosa da dire su un classico c'è sempre, anche se poi si corre sempre il rischio di ripetersi o di dire qualche ovvia banalità. Modestamente cercherò di documentare l'aspetto sociologico e semiotico, tenendo conto dei molteplici spunti simbolici e allegorici che rimandano a frammenti e indizi mitici ed archetipici, dividendo -in ascisse- in due l'opera: l'intento esplicito (come dicevamo quello educativo e formativo-pedagogico) e i molteplici aspetti latenti, e dividendo ancora –in coordinate- un primo Pinocchio e un secondo; cioè una prima parte distinta, pur nella continuità, da una seconda. Facendo così nostra, in parte, la lettura datane da E. Garroni (ma non solo)(11) che vede in Pinocchio due romanzi, sia narrativamente parlando e sia editorialmente: il primo Pinocchio cessa con la sua morte per impiccagione nel bosco di notte per mano 'degli assassini', e poi una successiva ripresa, su pressione dell'editore e dei lettori che si erano appassionati alle avventure del burattino pubblicate a puntate su un giornale dell'epoca. Una rinascita, una catabasi verificatasi per intervento (non si capisce bene se magico o di opportunità tempistica) della Fatina, che invia un piccione (animale-aiutante) il quale porta via in volo Pinocchio dopo averlo liberato dalla corda. Due Pinocchi diversi, continui, ma diversi per tipo di narrazione, una fine e un inizio a nuova vita in due trame incollate perfettamente l'una di seguito all'altra. Un primo Pinocchio indisciplinato e inconcludente che vaga di corsa, privo di una meta congrua e finalizzata; il secondo che si muove invece con logiche diverse, su percorsi quasi teleologicamente definiti, verso una meta che è tendenziale presa di coscienza, e, attraverso determinate tappe metamorfiche, verso una emancipazione dalla condizione burattinesca sub-specie umana.

Una ipotesi suggestiva quella dei due (e più) pinocchi, anche se non del tutto originale, che vorrei argomentare e, se possibile, contribuire ad arricchire.Una prima fase, quindi, che vede il burattino come personaggio picaresco, calato in un contesto dai tratti realistici e per alcuni versi grotteschi, pur rimanendo all'interno di un vigore espressivo e di una tonalità sicuramente fiabesca e immaginaria; e una seconda fase dove i toni fiabeschi vengono declinati in senso iniziatico, disegnando quasi un percorso tipico della narrazione di Formazione. In tutto ciò occorre tener presente l'ammonimento di I. Calvino, concernente la mancanza di una vera e propria discontinuità fra romanzo e fiaba, e l'attenzione che bisogna porre nell'affibbiare un genere specifico nell'esaminare un'esperienza narrativa o letteraria(12). La prima parte si configura come un felice ibrido fra narrazione fantastica-favolistica e realismo rappresentato dall'ambientazione in una Toscana povera e miserabile, borghi di campagna abitati da piccolissimi artigiani, contadini e pezzenti di bassa lega; una realtà arretrata economicamente e socialmente depressa. Un piccolo e ristretto mondo antico, una comunità 'post-organica', che risente in maniera anomica e riflessa della complessità urbana e industriale, che si andava determinando al di fuori, oltre i confini del borgo, poveri, vagabondi, gaglioffi, piccoli truffatori e malandrini semi-umani che sopravvivono al limite della sussistenza, ai margini periferici del processo di industrializzazione in atto altrove.

Non siamo nell'ambito di un ortodosso discorso fiabesco e favolistico, dove accanto alla povertà c'è sempre un castello, un palazzo, un re e un principe, un tesoro che aspetta di essere scoperto. Pinocchio ci prova a tesaurizzare gli zecchini avuti in dono da Mangiafuoco (una specie di orco che poi rivela un'umanità sdolcinata quanto generosa), ma finisce beffato, frodato e 'assassinato' (anche se poi, in qualche modo, risorgerà da una fine ingloriosa e prematura). Il 'c'era una volta', incipit favolistico, viene qui stemperato e sarcasticamente parodiato dal 'pezzo di legna da catasta' (*'c'era una... volta un pezzo di legno da catasta*) a sottolineare un pezzo di legno anonimo e privo di valore, non proveniente da un bosco incantato o dalle reali cucine di un castello principesco. Non siamo quindi di fronte al *Chronos* mitico e fiabesco, ma a un tempo statico, tutt'al più circolare e stagionale, tipico delle società pastorali e contadine, animato solo dal dinamismo vitale e affannato di Pinocchio, che a questa temporalità 'ferma' e statica tende a

sostituire una temporalità anarchica, dal suo surreal-dadaismo ante litteram, situazionista vertiginosamente veloce; di tipo carnascialesco confacente al suo rudimentale progetto esistenziale che è quello di non lavorare, di non studiare e di godersi la vita a non fare niente. Un tempo intrafrastico quello che Pinocchio contrappone, con frenesia, ai tempi statici della comunità nella quale vive; è un tempo contrario, premonizione del famigerato paese dei balocchi, il tempo carnascialesco che, come scrive Bachtin, è lo specifico del tempo rovesciato e sovvertito degli accadimenti e degli avventi epifanici, dove la metamorfosi e l'allegoria trovano la sua ragione di azione. Pinocchio vive infatti una serie di metamorfosi, da quelle piccole parodiche e dismorfistiche, quasi delle machìe psico-somatiche che però preludono a metamorfosi via via più consistenti e rientranti in una teleologia metamorfica che lo porterà alla trasformazione totale in essere umano. Un percorso iniziatici di varianti corporee e di esiziali passaggi da uno stato vegetale a uno stato animale (la trasformazione in asino) fino a uno stato definitivo completamente umano, un umano bambino. Non siamo di fronte alla metamorfosi magica, risolutoria e totale, notturna e onirica, tipo le metamorfosi tradizionali della fiaba: da Apuleio al ranocchio-principe o quelle da incubo solitario di un Gregor Samsa. Le metamorfosi di Pinocchio, sia quelle piccole di carattere contingente e temporaneo, sia quelle definitive e irreversibili, avvengono per intervento magico di figure che a volte hanno la connotazione di aiutanti-animali (si pensi ai pesci del mare che mangiando la sua pelle d'asino permettono il ritorno allo stato burattinesco, o i picchi che beccano il suo naso prodigiosamente allungato) a volte di figure simil-umane e antropomorfiche, da bestiaro fantastico, fra Esopo e Borges. Penso al Pescatore verde che lo scambia, nella sua rete abbondantemente colma di pesci, per un pesce raro ma che poi, riconoscendo la svista, 'certifica' e conferma la ritrovata appartenenza del burattino al genere su specie-umana. Il pescatore ha una valenza mitica che C. Levi Strauss ci descrive nei riti di fertilità di molte popolazioni (13).
Anche il Pesce-cane (con il trattino come scrive Collodi a rimarcare l'ambivalenza acqua/terra della creatura) ha anche una funzione di coadiuvatore in quelle dinamiche di transizione e metamorfosi non fisica –semmai psichica ed esistenziale- di Pinocchio. I riferimenti biblici e la configurazione primordiale e cosmogonica

dell'inghiottimento e della rinascita dal mostro marino sono molteplici, e la valenza archetipica-trascendentale in relazione all'identificazione del personaggio-eroe –Pinocchio nel nostro caso- è di grande ed interessante rilievo, ma l'argomento richiederebbe una laboriosa e non facile trattazione che esulerebbe dal tema che stiamo trattando(14).

Una lettura -quella dei due Pinocchi- suggestiva e interessante anche se non del tutto originale e che modestamente vorrei contribuire ad arricchire e argomentare. A parere di Garrone, il primo Pinocchio si esaurisce con l'impiccagione, con la morte del burattino; il secondo Pinocchio inizia con il distacco da terra a bordo del dorso del piccione che lo salva dalla corda alla quale era rimasto appeso per il collo. L'avventura picaresca, tra il grottesco e il surreale l'iperrealismo, termina proprio con la spiritualità del distacco da terra, con il volo, che costringere Pinocchio, tra le vertigini, a guardare oltre, a lanciare uno sguardo di prospettiva, una teoria della sua esistenza e che lo affranchi da una terrestrità coatta e irrisolta, ripiegata su se stessa, nell'illusoria libertà del 'non studiare del non lavorare e del godersi la vita'. L'irrisolutezza di esperienze insensate e grottesche: il mondo capovolto di Acchiappacitrulli con i suoi giudici e i suoi gendarmi 'rovesciati', l'esperienza del carcere, il suo frenetico e affannato andivenire vanno, dopo il volo a dorso di piccione del burattino, verso la conclusione. Il vissuto di Pinocchio appare fin qui segnato da insanabili contraddizioni, di incidenti che gli procurano uno stato di perenne inquietudine esistenziale e 'somatica'. In lui, nel suo corpo legnoso - di un legno modesto e mediocre- si muove il demone di una velocità che gli conferisce quasi un piglio futurista, facendolo muovere nelle vie del borgo contadino con ipercinetica velocità(15), e la stessa irrequieta curiosità di un agitato *flaneur* metropolitano. Pinocchio è fuori posto, il borgo gli va stretto, lui è già un personaggio celebre: le marionette del circo di Mangiafuoco lo riconoscono come una di loro: Arlecchino, Pulcinella lo salutano come un fratello divenuto famoso. Come può Pinocchio, da pochi giorni uscito dalla 'materna' pialla di mastro Geppetto essere così famoso; una agnizione parentale che fa di Pinocchio una celebrità cosmopolita, omaggio alla sua raggiunta celebrità che va ben oltre la comunità dove vive; questo suo appartenere al mondo delle marionette, -fra le altre cose- fa di lui un personaggio da commedia dell'arte.

La prima fase di Pinocchio è un coacervo di paradossi sia di carattere magico che di carattere grottesco e ironico, di esperienze incompiute che ne segnalano da subito la sua natura mutante e metamorfica, ambigua e di doppia appartenenza. La trama e le vicende non nascondono una natura a volte intrafrastica e doppia. Anche altri personaggi sono contrassegnati da questa pluralità, si pensi alla Fatina dai capelli turchini: una sorellina dall'afflato materno e protettivo, metà maga che agli interventi magici, dei quali però spesso e volentieri preferisce non ricorrere, mantenendo solo una partecipazione empatica come per esempio quando assiste pietosa alla rovinosa esibizione dell'asino-burattino nel tendono di un circo, o quando da uno scoglio, nelle vesti di capretta, si limita soltanto a suggerire a Pinocchio di nuotare più veloce perché sta arrivando il Pesce-cane. Una fata dai poteri intermittenti, o una Madre Mediterranea, variante di una Madonna popolare (che viene rappresentata con un manto turchino)(16) come figura protettrice, essendo poi, tra l'altro, il termine marionetta derivante da Maria, confermando il primo stato burattinesco e marionettistico di Pinocchio e gli altri 'figli di Maria', trovatelli, istituzionalizzati, rinchiusi nel carrozzone di Mangiafuoco portatori di una incerta paternità e maternità.
Il volo servirà appunto a sancire questo staccarsi dalle origini incerte e controverse e da un vissuto lazzaronesco, alla giornata e privo di progetto. Il primo di una serie di riti di passaggio e di mutazioni metamorfiche che si realizzano attraverso una serie di incontri e di prove che Pinocchio dovrà affrontare nel suo percorso futuro che, appunto, dopo la rinascita e l'anabasi del volo è divenuto iniziatico in maniera effettuale (anche prima, pur se in termini in effettuali, grotteschi e parodici la corsa di Pinocchio era stata costellata sia passaggi e incontri di affiliazione: si pensi allo sfortunato *genius loci* del grillo parlante filosofo, solo che la narrazione aveva una configurazione sì favolistica ma di taglio picaresco e 'bricconesco'). Con il 'volo' di Pinocchio la scrittura di Collodi passa da un genere di carattere precettistica-pedagogico a una scrittura di carattere psico-pedagogico, di segni e simboli, avvicinandosi più a un genere più marcatamente fiabesco e iniziatico.
Altra significativa ed esiziale tappa iniziatica, appunto, è senza dubbio il viaggio e la permanenza nel ventre della balena che nella sua pregnanza

archetipica e simbolica si colloca fra i molti riti di passaggio che coinvolgono il burattino nel suo difficile processo di maturazione(17).

Del resto l'anonimo pezzo di legno di pino potrebbe già di per sé essere non tanto anonimo se considerato -molto arditamente- in collegamento al mito e al suo repertorio simbolico, richiamandoci alla formulazione che J. Frazer fa nel *"Il ramo d'oro"* in merito alle potenzialità mitogenetiche delle produzioni arboree e floreali (19). In tal senso, sicuramente si tratta di una forzatura analogica, ma l'albero di pino rimanda alla narrazione mitologica di Attis divinità della Frigia, amante della dea Cibele, barbaramente ucciso e trasformato dalla dea stessa in un pino solitario, albero simbolicamente rappresentante, insieme all'ulivo, della flora mediterranea.

Molte delle figure e dei personaggi del libro rimandano alla figura del 'briccone divino': del *Trickster,* figura diffusa in quasi tutte le culture da quelle amerinde a quelle europee; assimilabile, oltre che allo stesso Pinocchio, come vedremo, anche al Gatto e alla Volpe, alle faine e altri personaggi 'loschi' e lazzaroneschi. Altre possono essere incluse nella vasta gamma degli 'aiutanti', che nel libro sono impersonate da figure antropomorfe, o viceversa, zoomorfe: penso, oltre, al colombo del quale abbiamo già parlato e che, in extremis, su mandato della Fatina, salva la vita a Pinocchio, anche al grillo parlante, ai pesci che divorano la pelle asinina del burattino restituendolo alla precedente condizione, i corvi-becchini, il tonno che conduce Pinocchio e il padre a riva dopo la fuoriuscita dal ventre del Pesce-cane. Gli 'accompagnatori' e 'psicopompi', come l'Omino di burro o lo stesso Lucignolo; e poi i corvi che dovrebbero accompagnare Pinocchio nell'oltre tomba. E altre figure a metà fra la fiaba, l' epopea e il bestiaro fantastico di Borges: figura zoemiche e allegoriche che in qualche modo coadiuvano il percorso iniziatici del protagonista.

"Nella stessa categoria di aiutanti magici possono essere fatti rientrare anche gli oggetti, che nella fiaba magica agiscono esattamente come gli esseri viventi, e da questo punto di vista li possiamo chiamare…a tutti gli effetti…personaggi"(20).

Insomma una vasta galleria di intuizioni, di comportamenti, di personificazioni, un assortimento sparso di epifanie e di allegorie che rimandano a una 'qualità mitica' (sulla quale torneremo fra qualche pagina) e a una perenne ambivalenza, più accentuata nella prima parte, fra immaginario mitico-fantastico, realismo e surreale iperrealismo, che si manifesta non solo nel contesto e nel panorama, ma anche, e forse soprattutto nelle figure e personificazioni che popolano la narrazione.
La stessa bugia che fa da intelaiatura della trama è

"Caratteristica stereotipa… nella lotta fra simboli del bene e simboli del male, nella fatica di trasformare la scorza di legno in corpo di bambino; i lettori privilegiano tra tutte la simbologia del naso che si allunga a causa di piccole e innocenti bugie"(21)

proferite da Pinocchio nella sua pratica di vita e in virtù della sua arte di arrangiarsi alla perenne ricerca di riuscire, in qualche modo a cavarsela. Bettetini, tra l'altro riferendosi alla storia del burattino, ne parla, purtroppo senza argomentare oltre di una sorta di *Bildungroman* per bambini, come fa anche, in maniera esplicita, un'altra studiosa: Egle Becchi(22) nel suo corposo studio della rappresentazione dell'infanzia e del bambino nella storia.
La bugia viene somatizzata da Pinocchio attraverso un 'dismorfismo' che ne evidenzia una psicosomatica 'vivace', riflesso di una coscienza inquieta e umana, che inizia a prendere vita fra le fibre legnose del burattino, espressione ancora di quella arte di aggiustarsi la vita di cavarsela, di quella 'bricconeria' che è del primo Pinocchio e che ne fa un tipico protagonista di uno *Schlermenroman*(23) 'straitaliano'.
Anche la totale metamorfosi finale si presta a una lettura plurima e carica di riferimenti simbolici collegabili a modelli mitici ed archetipici(24). Una trasformazione che ha appunto i caratteri della totalità e della irreversibilità (a differenza delle altre piccole metamorfosi che altro non erano se non istantanee propedeutiche al cambiamento finale) e che nei parametri della psicologia analitica junghiana si può definire nei termini di Individuazione finale. In termini psicologico-alchemici, Pinocchio nel suo percorso di iniziazione, dalla nascita alla trasformazione in essere umano-bambino (si potrebbe anche pensare al kerènyiano 'fanciullo

divino') si trova ad attraversare due stadi: quello iniziale definibili in termini di 'Nigredo' e quello finale (tralasciando uno stadio intermedio non sempre considerato) denominato 'Albedo'. Il primo è ravvisabile nello stato nascente e nella caotica produzione inconscia che si sperimenta con la confusione esistenziale in termini di oscurità labirintica e inconsapevolezza, una condizione umana nella quale il protagonista mette in atto, confusamente, una serie di più o meno sfortunati tentativi di soluzione e di uscita da questa condizione, compresi gli impulsi di annullamento e di morte che a volte essa comporta: Pinocchio contraddice e mente a sé stesso, finisce poi nel paradossale ed inverso chiasmo 'giuridico' di Acchiappacitrulli che gli costerà il carcere in quanto innocente, fugge e di lì a poco sarà impiccato, poi, incapace di non assecondare le proposte di Lucignolo rischierà di finire affogato in qualità di asino ecc. A questo stadio si contrappone la fase dell'"Albedo", identificabile con l'anabasi del burattino, il ritorno in vita, il volo, l'inizio della riflessività consapevole e la necessaria uscita dalla condizione di caos, incamminandosi verso una meta che si rivelerà, dopo vicende emblematiche, risolutoria e affrancante.

Questa possibilità di lettura richiederebbe una più ampia dissertazione declinata in termini psicologico-analitici: un compito non facile e che ci porterebbe fuori tema, ci basta sapere, riduttivamente, che fra le possibilità ermeneutiche della lettura di Pinocchio vi è anche questa che consentirebbe, tra l'altro, un'ulteriore elemento di convalida dell'ipotesi dei due Pinocchi, o meglio delle due fasi (significante e significato?) nelle quali si divide la storia.

Non mi è dato sapere se Lorenzini (Collodi) avesse dimestichezza con il materiale simbolico e mitico-antropologico, se, e quanto maneggiasse nozioni di folclore, di storia delle religioni e delle tradizioni popolari, ma è sicuro che il suo capolavoro è, a tutti gli effetti un classico letto e tradotto in tutto il mondo, trascritto in diverse forme (filmiche, televisiva, fumettistica ecc), che si presta–tra l'altro- a una molteplicità di intrecci e di variazioni di coloritura universalistica, come del resto è per la favolistica, come ricordava Calvino, e anche per questo non può non richiamarsi a un linguaggio a una tonalità espressiva nelle quali è possibile riconoscere, più o meno alterate, immagini già presenti in sedimentazioni antiche di narrazioni dal carattere archetipico e 'mitistico' (come vedremo più nello specifico). Una narrazione quindi che deve costantemente rinnovarsi, una attualizzazione a volte allegorica e a volte allusiva dl mito e dell'archetipo, secondo delle varianze e ricorrenze agganciate al momento storico sociale di una 'modernità'tradotta nostalgicamente e posta al margine dell'industrializzazione e dell'urbanizzazione, in una comunità, contadina, oniricamente magica. Pinocchio segue i criteri della modernità, consolidatasi anche in Italia; che il burattino 'intercetta' nel suo borgo rurale, sintonizzandosi corporeamente con quello che accade al di là del perimetro angusto del villaggio, captando a livello istintuale ed epidermico quello che è e che sarà lo 'Spirito del tempo'. Una modernità che Simmel definisce 'nervosa' e che trova modo di esprimersi incarnandosi nella inquietudine del burattino, nella sua corsa, nella sua voglia di andare, nel suo insoddisfatto e meccanico agitarsi , appunto, nella insofferenza per l'ambiente ristretto, arretrato e pre-industriale. Affrancato dalla naturalità e della mimesi, è un personaggio costruito e riproducibile, in contraddizione con la staticità legnosa dalla quale proviene: la sua è una fissità che però è in perenne mutazione, in perenne passaggio da una condizione ad un'altra e in questa contraddizione, in questa inquietudine risiede il suo 'carattere' moderno e 'tecnologico'. Anzi: la sua forza di carattere, che lo contrappone ai vincoli comunitari e tradizionali.

"Come sappiamo da Lukàcs e da Bachtin, il romanzo moderno ha rovesciato la gerarchia aristotelica fra 'intrigo' e 'carattere'. Nella "Poetica", il racconto classico e tradizionale era una messa in intrigo, l'esito della configurazione fra azione e posizione, i personaggi erano solo variabili. La modernità invece fa del carattere la costante normativa: come eroe esemplare di una situazione sociale (picaro o cavaliere), come protagonista del Romanzo do formazione (intento a diventare sé stesso), o istanze di un flusso di coscienza"(25).

A questa prima caratteristica letteraria della modernità dei personaggi della vicenda, se ne può aggiungere una seconda legata peraltro alla prima e che si configura nella dimensione narrativa della temporalità:

"La semeiotica discorsiva ha inteso de-cronologizzare e logicizzare il racconto...mettendo in evidenza correlazioni inedite, parallelismi, inversioni e trasformazioni impreviste"(26) arricchendo così il discorso di Lukàcs e Bachtin, e, per quel che ci riguarda, conferendo un'ulteriore motivazione di modernità alla figura del burattino, che si aggiunge a quella dinamicità 'nervosa' e ipercinetica della quale abbiamo già accennato.

Il tempo di Pinocchio è una "durata" bergsoniana; nella narrazione le distanze appaiono relative ed elastiche: non si capisce quanti chilometri e quanto tempo impieghi Pinocchio per andare a scuola o a casa della fatina, quanto grande sia il bosco notturno, quanto tempo resista impiccato, se la sua 'dromopatia' proceda in senso vettoriale, o a segmenti zigzaganti o circolari, quanto lungo sia il suo volo a bordo del piccione, se il viaggio notturno sul carro verso il paese del balocchi sia lungo o breve. Lo spazio e il tempo perdono di misurazione standard, di cronologica oggettività, diventando così dimensioni fiabesche ed oniriche. E' il tempo –o la durata- del mito, ma anche della modernità e delle metropoli: il protagonista de *"L'uomo della folla"* di E. Allan Poe vaga seguendo occasionalmente una persona che lo aveva colpito per il suo atteggiamento, senza meta fino a notte inoltrata dimentico del tempo, dei luoghi e delle vie che attraversa; ma è anche il tempo carnascialesco descritto da Bachtin. E' Il tempo ludico del perdigiorno e del 'flaneur' che si muove sì all'interno di coordinate toponomastiche ma in una dimensione personale, una 'durata' vissuta in maniera flessibile, dilatata o ristretta, secondo la percezione del momento l'*Ayon* iperuranico (26) del bambino. E' solo successivamente dopo il ritorno alla condizione di burattino e la fuga dalla padella del pescatore verde che il tempo si fa, man mano sempre più standardizzato, lineare, finalizzato e progressivo, teso verso una meta, anche se poi anche qui l'autore non ci dà un'idea del tempo di permanenza (giorni, mesi o anni) all'interno del Pesce-cane o della fuga notturna sul dorso del tonno filosofo. Insomma Pinocchio vive in un tempo fiabesco, che è anche, più o meno, il tempo alterato "della bellezza nervosa delle metropoli", come diceva G. Simmel. La quattro stradette del borgo, i sentieri dei campi si incrociano e si ampliano, vengono attraversati da viandanti 'stranieri' e da un'umanità varia: il Gatto e la Volpe non potevano non essere che bricconi esterni alla vita quotidiana dei contadini del borgo, perché, conoscendoli, nessuno avrebbe abboccato ai loro imbrogli; anche Geppetto vuole andare, raggiungere le lontane Americhe. Lo stesso riconoscimento delle marionette fa di Pinocchio un personaggio celebre e cosmopolita e del quale si dilata, irrealisticamente, anche lo spazio temporale della sua gestazione nascita e rinascita: dalla appartenenza alla naturalità inerte e vegetale, alla chiamata magica a una vita meccanica e burattinesca, fino alla meta finale dell'individuazione. Insomma l'eroe-burattino è una figura della modernità, di una consistenza quasi meccanica e tecnica-robotica: viene infatti scolpito e costruito, viene poi aggiustato, gli vengono sostituiti i pezzi, quando gli si bruciano i piedi. Vive ristretto in una corazza lignea e in luogo pre-urbano che lo imprigionano, che non sono i suoi spazi e le sue dimensioni; ha il carattere e il temperamento dell'uomo della folla e del viandante dei "passages" cittadini (27), che gli permette di vivere esperienze dense di significati che hanno anche del fiabesco. Tanto è che viene da chiedersi se è più moderno il Pinocchio burattino o il Pinocchio-bambino che ha raggiunto la meta, compìto, saggio e integrato a metà fra un W. Meister e un Candide.

Pinocchio in maniera decisa, impulsiva e veloce prende le distanze, fugge dalla casa del padre, tenta una prima, maldestra e ingenua emancipazione, non collude con l'invischiante dimensione patriarcale e neanche, almeno tendenzialmente, con l'improbabile figura magico-materna, una sorta di maga Circe accogliente, ma anche alquanto intrusiva. Due poli di una adultità ambiguamente rappresentata dalla fatina e dal padre stesso, il quale si trova ad adempiere a più ruoli: mezzo nonno, mezzo padre e mezzo madre; artigiano-Frankstein e buon genitore che però non riesce a salvare il figlio, anzi viene da questi salvato, portato fuori dal ventre del mostro marino, mettendo così in crisi –come già Enea- la supremazia fisica del Padre. Inizia quindi per il burattino percorso, una fuga perenne ma anche con non pochi ritorni, una affannata corsa(28) via dai percorsi obbligati e sempre uguali; e soprattutto via dalle prescrizioni di un ordine che avverte come superato, soffocante e anche insensato, come lo è, tra le altre, per quanto riguarda le esperienze con l'istituzione giustizia che dovrebbe costituire l'istanza normativa per eccellenza custode dell'ordine e argine contro il caos. Nonostante questo suo essere 'senza tetto nè legge', il burattino conserva una sua morale ingenua e primitiva, che si manifesta senza preavvisi, senza remore e senza dargli possibilità di dissimulazioni, con quelle che sono delle vere e proprie manifestazioni somatiche, o meglio sarebbe dire neurovegetative visto le sue origini vegetali; manifestazioni imbarazzanti e che, comunque svolgeranno una funzione di sblocco e di propeuticità per la metamorfosi finale, la meta definitiva di percorso iniziatici verso l'affrancamento da una condizione sub umana o parzialmente umana.

"La trasformazione dalla condizione lignea, da burattino a condizione umana...che avviene –appunto- attraverso una serie di gradi intermedi appartenenti al mondo animale, la maggior parte dei quali segnalati in maniera appena percettibili, quasi sottotraccia, delle numerose metafore utilizzabili dal Collodi...Pinocchio –infatti- salta come una capretta o un leprottino...corre con la lingua di fuori come un cane...si rivolta come una vipera, si divincola come un'anguilla, s'arrampica come uno scoiattolo, corre come un levriero...nuota come un pesce...salta come un ranocchio" (29).

Questo repertorio forse un po' raccogliticcio di zoomorfismi, metamorfosi, allegorie, metonimie e metafore non costituiscono prerogativa del solo Pinocchio, diciamo che riguardano in maniera accidentale e una tantum molti comprimari: Lucignolo, mastro Ciliegia che perde la parrucca, il Grillo saggio che muore e risuscita ecc., ma in modo particolare e reiterato il tema delle metamorfosi piccole e grandi coinvolge anche quella che è il 'secondo' personaggio delle avventure del burattino: la fatina dai capelli turchini. Anche lei muore e rinasce, si trasforma in capretta, in regina del paese delle api industriose, indossa i panni della donna cittadina e borghese quando assiste commossa allo spettacolo circense dell'asino-Pinocchio. Ma quello che in particolare muta in questa figura di mentore sono i ruoli e i panni che di volta in volta riveste, ruolo materno, ma anche di figliolanza e di sorellanza, di maga, massaia, psicopompo e traghettatore nell'altro mondo ecc. Compare in sogno a Pinocchio preannunciandogli la sua definitiva mutazione in umano. Insomma il suo è un percorso di mutazioni, funzionali, anche se in maniera intermittente, al percorso metamorfico del burattino-figlioccio; un intrecciarsi mutante di destini sui quali sembra avere a volte una funzione di iniziatrice misterica, simile a quella di Iside nei racconti di Apuleio(30). Un libro di personaggi in transito, di figure instabile nei loro ruoli e in quelli che sono gli aspetti esteriori: insomma un libro di metamorfosi come lo definisce G. Manganelli(31), sottolineando la complessità delle vicende narrate in Pinocchio e come lo stesso contenga una proposta pedagogica, anche se questa pare più essere una facciata, una convenzione editoriale e forse anche una intenzionalità primaria e implicita che però si intreccia con i caratteri pronunciati dei protagonisti e con una trama dove, appunto, le inquietudini dei protagonisti

"sono indizi di una costante inclinazione alla trasformazione…Fra queste trasformazioni vi è quella a lungo rimasta potenziale e da un certo momento in poi desiderata o cercata…di mutazione…del burattino in 'bravo bambino'"(32).

Una coralità di condizioni di passaggio, paradossali e liminali nelle quali riecheggiano i temi favolistica di Apuleio, l'animalismo esopopeo, e anticipando, tematicamente, un grande narratore protagonista del novecento europeo: F. Kafka.
La mutazione finale di Pinocchio trascina con sé anche gli altri personaggi e l'intero suo contesto vitale ed ambientale: il padre sembra superare le condizioni miserevoli diventando un tranquillo pensionato; sembra anche scomparire o ridursi quella diffusa miseria che aveva caratterizzato i primi episodi della storia, i malandrini, e in particolare il Gatto e la Volpe, sono messi in condizioni di non nuocere: il mondo alla rovescia torna dritto, ogni cosa va al suo posto, il paese di Acchiappacitrulli diviene il paese delle api operose. Il 'Trickster suicida', come Manganelli definisce Pinocchio(33), abbandona, definitivamente, non nascondendo un saggio sentimento -al limite dell'imbarazzata nostalgia- lo status burattinesco . Abbandona anche la condizione di picaresco 'briccone ' e di vagabondante 'lazzaronismo' , diventando così, alla fine, quasi in appendice, l'esito in positivo di una narrazione pedagogica-formativa. Segnando il passaggio da un'etica della 'fortuna', del fato benevolo e provvidenziale(34) a un'etica più mitteleuropea, riformata, basata sul rigore della produttività e sull'agire dell'uomo con le sue responsabilità e determinazioni, che può contare ben poco sugli interventi 'esterni' e più o meno miracolistici.

Alcune considerazioni

Fiaba, favola, racconto di genere, romanzo, romanzo di formazione, forse Pinocchio è un po' un assemblaggio di questi generi e di queste scritture: una equilibrata ma avventurosa operazione di sincretismo che poteva riuscire solo a un non specialista, a uno scrittore più vicino al giornalismo –a un giornalismo professionale e di qualità- che all'opera

letteraria, quale era appunto Collodi-Lorenzini. Del resto l'Italia nonostante l'opera encomiabile di Basile, Pitrè, poi Cocchiara, Comparetti, Pettazzoni e pochi altri, non aveva avuto una ricerca etno-antropologica indirizzata specificatamente al mito e all'immaginifico, come invece era stato nella humus romantica dei filologi e mito-antropologi europei e non solo: si pensi alla Germania dei Grimm, di Froebenius e altri, alla Russia di Puskin e Tieck, ai novellatori francesi, o anche ai più recenti studiosi e poeti di leggende anglo-irlandesi, o ancora alla possente pratica di ricerca sulle tradizioni e i miti finnico-anglo-statunitense. Gli studiosi italiani più che ai miti o alla ricerca filologica o religiosa, miravano a un approccio di critica sociale e di interpretazione delle culture subalterne; l'approccio poetico-mitologico era collocato in seconda battuta, quasi un hobby per pensatori e scrittori quali Capuana, D'Annunzio, e Croce(35). C. Pavese sarà, successivamente lo scrittore che imbastirà nella sua poetica un rilevante impegno di scrittura e di indagine letteraria sul mito, e in particolare sui complessi rapporti fra mito, storia delle religioni, cultura popolare, letteratura e poesia, avvalendosi per la sua vicenda artistica e "per il suo mestiere di poeta…di conoscenze etnologiche"(36).
Detto ciò non deve stupire più di tanto che un'opera come Pinocchio, densa di riferimenti, di citazioni e di parodie, uscisse dalla penna di un professionista giornalista, letterato a titolo quasi occasionale, impegnato in un'operazione editoriale, che raggiunse successivamente e in maniera quasi fortuita la sua forma compiuta così come noi la conosciamo. Un intellettuale un po' defilato, grande giornalista e divulgatore, mosso da interessi precettistica e pedagogici piuttosto che filologici, letterari o folclorici; il quale, nonostante ciò e forse andando ben al di là delle sue stesse aspettative (e delle aspettative editoriali), con estrema perizia, ha saputo lasciar parlare anche sentimenti diversi, facendo affiorare, anche se a un livello citazioni stico, narrazioni di antiche origini, sedimentatesi su un sottofondo di tradizioni e di reperti archetipici. Sentimenti che trovano espressione in quella forma parodistica-allegorica che è una riduzione del mito, ma non il suo disconoscimento: la parodia infatti permette la sopravvivenza delle immagini mitiche, non è il sintomo dello spezzarsi o di irrisione nei confronti di un materiale che proviene dal profondo dell'animo umano(37). Il rivestimento comico, allegorico ed ironico non è sarcasmo ma un rinnovamento di questi sentimenti, che

vengono così accettati e accolti   come essi affiorano, a volte al di là di un'intenzionalità o di un rigore euristico; 'così come vengono' e senza farne per forza argomento di severi studi o riflessioni metafisiche o addirittura misticheggianti-estatiche. D'altro lato può anche aggiungersi il sospetto che questo 'accoglimento' comporti anche un uso definibile come sosteneva K. Kerenyi e, in Italia, F. Jesi, nei termini di una 'tecnicizzazione del mito'; cioè un uso strumentale, meccanicisticamente indeterminato, ingenuo, riduttivo, alterando così la genuinità del simbolo e del mito stesso(38). Qual è, allora, la qualità del discorso mitico, la legittimità dell'uso –se vogliamo anche un po' stilizzato e di maniera- di certi materiali simbolici, la vivacità evocativa, che apparentano, forse un po' alla lontana, la narrazione delle avventure del burattino con le narrazioni di un Apuleio, di un Aristomene o dei Grimm?
Non è facile dare una risposta a questi interrogativi che forse non vale neanche la pena porsi in questa sede perchè richiederebbe ben più ampie trattazioni. Non a caso P. Fabbri piuttosto che parlare di Pinocchio in termini di narrazione mitica o meno preferisce parlarne in termini di un 'mitismo' che impregnerebbe tutta la vicenda(39). 'Mitismo' inteso come

"qualcosa che viene prodotto in diversi tipi di discorso con diversi tipi di sostanze espressive, in diversi tipi di formati, e che non è in senso stretto né un mito, né una favola, né un racconto, né un *Bildungsroman*. Pinocchio ha del mutismo ma non si inscrive in un mito come genere discorsivo specifico"(40).

Per questo in Pinocchio è possibile trovar vistose tracce delle entità miticamente definite, in maniera, come abbiamo detto, parodistica, inscritte in un percorso iniziatico, che vede un protagonista-eroe sottoposto a una serie di prove più o meno dolorose e difficili, prima del raggiungimento di una meta. V. J. Propp sostiene che molte fiabe, racconti immaginari e fantastici legati più o meno direttamente al folclore e alle tradizioni popolari più antiche, siano giunte fino a noi dalle remote società claniche e tribali, basate su caccia, pastorizia e sulle prime forme di coltivazione stanziale, quando, successivamente le società agricole e 'di villaggio' presero il sopravvento certe forme di riti e di iniziazioni legati alle avventure di coraggio e di caccia cominciarono a perdere la loro 'potenza' ed effettualità, rimanendo come narrazioni 'festive' di un mitico tempo passato carico di investimenti affettivi ed emotivi, diventando poi, con lo scorrere del tempo, storie evocative e infine racconti fiabeschi e fantastici(41). Racconti di vario genere nei quali il protagonista compie imprese straordinarie, configurandosi come eroe che incontra personaggi significativi, fantastici ed eccezionali, affronta prove iniziatiche dense di investimento emotivo, forza, coraggio ed astuzia. Con l'affermarsi della borghesia l'eroe diventa più modestamente un protagonista e affronta tappe esistenziali, prove che non richiedono grande impegno fisico, ma capacità e competenze di carattere sociale ed esistenziale, e questo è, nelle diverse accezioni, il Romanzo di Formazione: una produzione artistico-letteraria che segna l'estinguersi della dell'aura epico-mitica in nome di una modernità disincantata, 'effettività della storia', come direbbe Adorno, che annuncia l'imporsi epocale del principio della riproducibilità, che esige un nuovo e più problematico patto tra estetica ed etica, conoscenza e formazione.

Pinocchio si configura come eroe, anzi come eroe girovago lacerato da non poche contraddizioni che vive sulla sua propria pelle, fra naturalità e umanità, comunità e dissoluzione dei confini, mitico e storico ecc. Un camminante che nella prima parte vaga, orizzontalmente, senza aver ancora concepito una meta e un progetto di vita; per poi imboccare un percorso direzionale, di tipo ascendente e 'verticale', incontrando una serie di ostacoli e di prove. Per esempio il serpente dalla coda fumante che gli blocca la strada verso casa della fatina, potrebbe essere una variante parodistica dello scontro eroe-drago, con l'Uroborus inghiottitore antenato del drago che, nell'iconografia sia laica che religiosa, viene vinto dall'eroe, come Edipo con la Sfinge. Il fatto poi che il gigantesco serpente muoia dal gran ridere per il comportamento maldestro e goffo di Pinocchio stesso costituisce un ulteriore esempio di quello 'stemperamento' ironico-parodistico e buffonesco che è una delle polarità del personaggio. Il girovagare del burattino è, secondo una lettura metafisica e psicologico-analitico,

"un girovagare dalla madre o verso la madre o nella madre, ma non ci conduce in nessun luogo. Il movimento è nello spazio, e lo spazio –come dice Platone nel *Timeo*- è un ricettacolo…vale a dire una madre" (42)

Il volo sul dorso del piccione, dicevamo, è una prima interruzione di questo girovagare inconcludente: una ascesa ariostesca che porta

Pinocchio, incantato e impaurito, in preda alle vertigini, a distaccarsi da terra, per poi far ritorno in terra dopo aver fatto un'esperienza significativa dal punto di vista di costruzione di un progetto esistenzialmente significativo e della ricerca spirituale. L'esperienza area, in poche parole, gli consente di stare con i piedi per terra(43). E per stare in maniera solida e consapevole con i piedi per terra, occorre riuscire ad affrontare anche le imperfezioni derivanti dalla situazione di squilibrio precedente. Hillman infatti sostiene che

"l'implicazione più profonda dello zoppicare rappresenta la verticalità dello spirito, possiamo aspettarci di trovare immagini di zoppicamento come segni di vantaggio o di realizzazione"(44)

La danza dello sciamano su un piede, come quella roteante del mistico Sufi, l'ermafrodito unipede nel repertorio simbolico-iconografico degli alchimisti. Lo zoppicamento come difficoltà, impedimento, come ulteriore prova imposta all'eroe, per il quale lo stare in piedi deve essere in qualche modo ostacolato, segnato ed enfatizzato da ferite e menomazioni. Dai piedi forati del Cristo, al tallone di Achille, il piede zoppo di Edipo (etimologicamente Edipo sta per 'piede gonfio' in relazione a quando, infante, venne portato, appeso per i piedi legati, attraverso il deserto per essere abbandonato). Il conquistatore Tamerlano (Tamer lo zoppo), Ercole morso da un granchio in un piede, Alessandro e Garibaldi feriti a una gamba, la cicatrice di Ulisse sulla caviglia, il capitano Achab che ha lasciato parte della gamba nel ventre del mostro; e poi ancora Long Silver, trickster e precettore alla rovescia (un'altra figura antifrastica), pirata dell'*Isola del tesoro*; fino a

"Cinto il fanciullo de *La luna e i falò* , il fanciullo segnato come un iniziato (è zoppo), in cui Pavese vede , da un lato, sé stesso fanciullo, dall'altra l'amabile dio-fanciullo che guida nel regno dei morti"(45).

Enrico Toti, la *Piccola vedetta lombarda* de il *Cuore*, Giasone con un solo sandalo, Filottete e Bellerofonte entrambi zoppicanti, e così via(46). Pinocchio dai piedi veloci, finisce con i piedi bruciati dopo essersi addormentato davanti al camino acceso, poi la caviglia dolorosamente intrappolata nella tagliola del contadino e ancora il piede imprigionato dal legno del portone della soglia di casa della fatina dopo aver tentato, a

calci, di sfondare la porta nell'attesa notturna e sotto la pioggia battente
che la lumaca-inserviente gli venisse ad aprire.

Insomma lo 'zoppicare' dell'eroe viene qui proposto in forma comica:
Pinocchio viene azzoppato più volte, rientrando così, in forma allusiva,
in un canone 'mitistico', fatto di citazioni, richiami, e un uso-riuso ben
congeniato, spesso lasciato solo intuire, di riferimenti letterari a Dante,
all'Ariosto, Apuleio, Esopo:

"Collodi inghiotte una gran quantità di materiale letterario...magari un po' alla rinfusa,
come nel ventre del Pesce-cane" (47).

E la letteratura è luogo diretto o indiretto, latente o implicito del mito,
attualizzato in un "paradossale compromesso con il tempo storico"(48);
quindi Collodi fa un uso tecnico-parodistico della narrazione mitica
come abbiamo visto, ma anche un riuso indiretto 'appoggiandosi' ai vari
riferimenti letterari e romanzeschi. Insomma il termine 'mitismo', quasi
un neologismo, coniato per definire le avventure del burattino non mi
sembra né gratuita, né, tantomeno, un facile escamotage.

In fondo Pinocchio è proprio questo un geniale ibrido, un sovrabbondare
anche, per certi versi ridondante, di citazioni intelligenti espresse con
estro e leggerezza, una creazione letteraria di squisita fattura costruito su
una infrastruttura di riferimenti; e in questo forse gli si può riconoscere
un tratto di post-modernità che rende la sua figura attuale e
continuamente ripresa anche nelle più originali forme polimediali. Un
sensato patchwork di reperti (relitti come forse direbbe E. de Martino)
mitici filtrati dal folclore.

Il racconto di Pinocchio ha le caratteristiche di quelle che Propp
definirebbe una 'fiaba di magia', ma i toni fiabeschi sono stemperati,
dispersi nei mille rivoli dell'ironia, del grottesco declinati in termini
pratici e utilitaristici: il pezzo 'legno di catasta' è alla ricerca di
promozione sociale e di riconoscimento, la sua ingenuità è condita con
l'arguzia e la furbizia di un Bertoldo, è troppo disincantato per i cavalli
bianchi, i principi e le principesse; il suo genere è l'arrangiarsi
lazzaronesco e plebeo. Tanto è furbo che finisce con il credere di poter
far soldi piantandoli per terra e, come ogni furbo, finisce vittima della
sua stessa furbizia. In questo senso Pinocchio, per certi versi, potrebbe
essere considerato una sorta di antifiaba: della fiaba per bambini non ne
ha il lirismo compiaciuto e manieristico, lo scenario sognante ed

ipnotico, la nostalgia gotico-romantica (tipico della fiaba anglosassone) e neanche una certa bonarietà teleologica. La cifra di Pinocchio si contraddistingue per il suo pragmatismo impietoso e la sua ruvida umiltà da contadino povero, il tratto picaresco declinato in termini straitalianistici. Piace questa sua italianità arruffata, notata come abbiamo detto anche da un sociologo statunitense (Banfield), che aveva letto il libro prima di intraprendere la sua ricerca sul 'Familismo amorale' nel meridione; e piace all'estero: Pinocchio è conosciuto, tradotto e reinterpretato in tutto il mondo: dal Giappone alla Cina, dalle repubbliche ex Sovietiche ad alcune nazioni subsaharaiane. Per gli altri è anche una lente d'ingrandimento per intercettare i nostri difetti, ma se ha riscosso così tanto successo vuol dire che il burattino piace,incontra gusti universali quindi è uno specchio, che, opportunamente inclinato, rispecchia un po' tutti, interpellando pregi e difetti dell'intero genere umano(49). Un precursore della serialità e della massificazione, lo testimoniano decine e decine di prequel e sequel scritti in tutte le latitudinii. Fu inoltre veicolo propagandistico di massa durante il fascismo: un Pinocchio razzista, personaggio fisso di una serie vignettistica che, con tanto di manganello e olio di ricino, si recava, in camicia nera vestito da 'balilla', in Abissinia ad insegnare a quelle popolazioni come indossare le scarpe.

Il lettore di Pinocchio è un lettore fortunato perché ha, davanti a sé, diverse possibilità di lettura. Una prima lettura, diciamo la lettura manifesta e palese, che non vuol dire affatto superficiale o facilona, è quella dei contenuti pedagogici e della narrazione formativa per bambini e, soprattutto, per adolescenti. Un'altra lettura possibile è quella di carattere sociologico-semiologica incentrata sulla figura di Pinocchio sul suo contesto esistenziale, la prossemica, la dinamica, la struttura del testo, la collocazione storica, le vicende editoriali ecc; poi una filologica e mitico-antropologica oltre che, ovviamente una più attinente allo specifico della critica letteraria. Letture che si intersecano coeve l'uno all'altre tenendo anche presente quanto sostenuto da Calvino e cioè che occorre sempre diffidare delle fratture fra generi, fra fiaba e romanzo, fra genere realistico e genere fantastico, novella e racconto ecc. Semmai se proprio si vuole individuare un segno distintivo e un labile confine, potrebbe essere indicativo il segno linguistico, della lingua usata nella narrazione: è innegabile infatti che vi sia una lingua e una modalità d'espressione più adatta ai bambini magari a fini didattici o altro; mentre un'altra forma linguistico-espressiva potrebbe essere quella più consona ad un pubblico adulto, e poi fra questi gli adulti 'esperti' ecc. Una differenza nell'uso dei termini, ma anche di ritmo, di vigore espressivo, di semplicità espositiva e quant'altro. Il bambino ritrova sé stesso, si confronta più 'ingenuamente' e spontaneamente con il personaggio, abbozza un suo profilo identitario attraverso l'esemplarità, l'eterno gioco del bene e del male, della norma e della trasgressione che sperimenta ciò che si deve,ciò che si può e ciò che non si deve fare. Un ambito normativo, un limite che il bambino ha bisogno di introiettare, di fare suo sperimentando e simulando anche attraverso le vicende del protagonista di una 'storia', che ha un inizio, uno svolgimento che vede il compimento di un percorso di un itinerario fino a una meta, nei confronti della quale il personaggio, protagonista ed eroe deve farsi parte attiva e consapevole(50). Pinocchio attinge ad un forte sentimento di vitalità e vivacità, agito con piglio moderno, rinnovandosi, trasformandosi e adeguandosi come è nella sua natura di mutante che gli permette di sopravvivere nel ventre del pesce-cane e di vivere affrontando vittorioso tempi, spazi, forme e luoghi sempre più differenziati ed eterogenei. Un racconto che si intreccia fra contaminazioni e mescolanze di generi: è senz'altro una favola, ma anche come dicevamo un *Bildungsroman*(51), magari un *Bildungsroman* per bambini italiani (52); un libro di precetti, che mette sul palcoscenico personaggi *ex lege* sul confine della illegalità, la loro furbizia e la beffa,

tanto che l'intento educativo, esemplificato nelle moralità del grillo parlante, si fonde con il sottile cinismo della città di Acchiappacitrulli...In Pinocchio...nulla è assoluto, e l'impegno pedagogico anziché additare con certezza al mondo delle virtù adulte, ritorna su sé stesso, si nega nell'ironia, sembra implicare infine la difesa di un utilitarismo contingente ed avventuroso"(53).

Si qualifica, originariamente, come prodotto per bambini ma anche per adulti, siano essi insegnanti, maestri, educatori e genitori, narratori improvvisatori e affabulatori, chiama a cimentarsi autori più o meno epigoni, sceneggiatori, teatranti, disegnatori ecc. E' la storia di un bambino preadolescente: quasi un ragazzo, anche se ingabbiato in una vestigia, un simulacro di legno povero che fa di lui un burattino senza fili, ma in qualche modo eterodiretto da un destino e da figure che a vario titolo si occupano di lui nel bene e nel male. Un umanoide che proprio per essere tale può transitare in diverse prossimità: zoomorfe, escatologiche, teratologiche. E' anche un bambino in formazione perché è ambiguo e labile come un bambino che è di per sé transeunte; e in questi termini Pinocchio è il più bambino di tutti; ha, infatti, come dote quella di bruciare i tempi nelle suo proporre mutazioni. Le sue metamorfosi sono testimonianza e cifra condensata del suo essere bambinesco, la narrazione delle sue alterne vicende sono la rappresentazione di questo bambinismo ermetico dai 'sandali leggeri', e di tutto il suo essere imperfetto, in divenire e polimorfo.

Quando l'ultima metamorfosi si compie, il burattino Pinocchio giace inerte su una sedia impagliata nella povera ma dignitosa casa di mastro Geppetto e del bimbo Pinocchio; a differenza della corrazza-simulacro che aveva ospitato la vita di Gregor Samsa(54) non viene gettato nella spazzatura dalla domestica di casa. L'automa ora giace disattivato, quasi come un *ready made* ligneo, un povero sopramobile, naturalità materiale. Il bambino lo guarda con affetto, rilevando, con scarto ironico, il piglio buffonesco, ora può osservare distaccato una parte di sé: la giacenza di un tassello genetico di carattere mitico-naturale che è parte della sua attuale compiuta identità e di una emancipata competenza riflessiva. Un percorso che è anche di Formazione e autorealizzazione, raggiunto anche attraverso l'incrocio con altri destini e altri vissuti, partecipando a vicende straordinarie, organizzandole via via a livello coscienziale, intrecciandole con le risultanze delle rappresentazioni sociali esperite. Da una condizione meta-storica, naturale e mitica, a una condizione di reale effettività storico-sociale: la sintesi fiabesca del percorso umano

N O T E

(1)   Cfr. F. Moretti *"Il Romanzo di formazione"*, Garzanti, Milano *1986*.

(2)   Cfr. A. Censi *"La costruzione sociale dell'infanzia"*, F. Angeli edit., Milano 1996.

(3)   Cfr. A. Roncaccia *"Critica e teoria letteraria del novecento sul romanzo come genere"*, in *" L'Abaco"*, aa IV-VII nn. 4-7/2005, 2008, pp. 120 e 121.

(4)   Ibidem p. 118.

(5)   AaVv *"Ottavo rapporto internazionale sulla condizione dell'infanzia e l'adolescenza"*, Ediz. Telefono Azzurro-Eurispes, 2008, p. 555

(6)   L. Volpicelli, dopo una attenta disamina sia de *"Le avventure di Pinocchio"* che di *"Cuore"* sostiene una continuità organica fra le due opere, affermando esplicitamente che"*Cuore* comincia dove Pinocchio finisce": L. Volpicelli *"La verità su Pinocchio; saggio sul Cuore e altri scritti"*, Armando, Roma 1963, p. 169 e sgg.

(7)   Una pedagogia diretta all'educazione del singolo fanciullo, ma anche con l'intenzione, in senso più ampio e più lato, di formare gli italiani a un'essenziale competenza nella scrittura, linguaggio e lettura attraverso una narrazione 'facile' e per bambini; di contribuire alla costruzione di quel sentimento di patria e di italianità che in altre opere si fondeva con la moralistica corrente, spacciata per unica ed universale e che era poi l'*ethos* di una incerta borghesia italiana che doveva darsi una identità nazionale oltre che affermarsi definitivamente su un determinato territorio come classe dominante, ricorrendo a strumenti retorici, idealità, strumenti etici quali "il sacrificio...l'obbedienza... un prontuario delle morali dominanti, delle virtù borghesi da rispettare" (R. Paternostro *"Motivazioni ideologico-culturali del verismo di Capuana. Saggio critico-introduttivo a L. Capuana"Il Raccontafiabe"*, ovvero *fiabe, novelle, raccontini e altri scritti per fanciulli"*, Aracnè, Roma 2003, p. 118)

(8)   I. Pezzini *"Tra un Pinocchio e l'altro"*, introduzione a I. Pezzini e P. Fabbri (a cura) *"Le avventure di Pinocchio, tra un linguaggio e l'altro"*, Meltemi, Roma 2002, p. 7

(9)   Cfr. I. Calvino *"Sulla fiaba"*, A. Mondatori, Milano 2002, pp. 13 e 14, sulla capacità connaturata alla favolistica e all'immaginario, di attraversare linguaggi, classi sociali, fasce d'età, nazioni, ecc. Pinocchio sicuramente ha in abbondanza queste proprietà.

(10)   G. Gasperini *"La corsa di Pinocchio"*, Ediz. Vita e Pensiero, Milano 1997, pp. 3, 4 e sgg.

(11)   Cfr. E. Garroni *"Pinocchio uno e bino"*, Laterza, Bari 1975.

(12)   Cfr. I. Calvino, op. cit. pp. 6 e 11. Anche se poi è Calvino stesso, qualche anno dopo, a parlare, riferendosi proprio a Pinocchio, di come il burattino possa considerarsi come un vero e proprio personaggio di un'avventura di tipo picaresco, un genere questo che è mancato in Italia insieme a una organica produzione di letteratura fantastica e immaginifica: Cfr I.Calvino *"Ma Collodi non esiste"*, in *"La Repubblica"*, quotidiano del 19-20 aprile 1981.

(13)   Cfr. C. Levi Strauss*"Razza, Storia e altri studi di Antropologia"*, Einaudi, Torino 1977, in particolare il capitolo riferito a uno dei vari re-pescatori: *"Le gesta di Ardiwal"*, da p. 195 a 243

(14)   Per un primo approfondimento del tema in termini psicologici-analitici, vorrei suggerire la lettura di C. G. Jung."*Psicologia dell'inconscio, e L'Io e l'inconscio"*, Fabbri, RCS i libri de "La Repubblica", Milano 2010. Mentre, più in generale sulla tematica de 'Il fanciullo divino' si può confrontare C.G. Jung e K. Kerènyi *"Prolegomeni allo studio scientifico della mitologia"*, Boringhieri, Torino 1972.

(15)   A proposito dell'ipercinesia di Pinocchio si può confrontare di G. Jervis l'introduzione a C. Collodi *"Le avventure di Pinocchio"*, Einaudi, Torino 1968.

(16)   Rispetto alla molteplici letture che si possono dare del rapporto fra Pinocchio e La fatina dai capelli turchini, mi sembra interessante e originale, anche se non riferito a Pinocchio ma più in termini generali al rapporto con il femminino, porre all'attenzione su quanto dice J.

Hillman nel suo *"Saggi sul Puer"*, R. Cortina, Milano 1988, il capitolo *"Il matrimonio Puer-Psiche"*

(17)   Un altro rito di passaggio di valenza universale è quello che vede l'iniziando sostare in un luogo esterno posto al confine dell'area tribale o del luogo abitato dalla confraternita nella quale deve entrare a far parte: tipico è il passare la notte nel bosco o nel deserto come fa appunto Pinocchio quando attraversa il bosco notturno popolato di 'assassini' e alberi paurosamente antropomorfi, o quando viene lasciato sulla soglia tutta la notte fuori casa della fatina al freddo e alla pioggia in attesa che la lumaca-inserviente scenda per aprirgli. Per approfondire in maniera adeguata la tematica dei vari riti di passaggio il testo di A. Van Gennep *"Riti di passaggio"*, Ediz. Boringhieri , in particolare per quanto riguarda i cosiddetti riti della soglia cfr. pp. 14 e 19, e anche p. 11 e sgg. Il percorso iniziatici introduce il preadolescente o l'adolescente alla cultura paterna, lasciando alle spalle l'infanzia e la dimensione affettiva, emotiva e culturale materna, preservando e o imbrigliando l'eventualità di una disorganizzazione, di una deriva caotica a livello psichico del singolo o sociale-culturale in riferimento al gruppo di appartenenza. Monica Burato psicoanalista afferma che il percorso iniziatici e le tappe-rito che nel suo ambito si succedono condensano e mettono in "scena, nella successione delle diverse fasi, collocate fra la morte simbolica del bambino e la rinascita, le principali tappe di trasformazione...(anche le metamorfosi corporee)...che il preadolescente deve percorrere, superando ostacoli di ogni genere e rischiando anche la vita pur di rinascere nella nuova condizione di adulto. Nel rito si replicano le problematiche tipicamente adolescenziali, che pongono al centro dell'attenzione il corpo, che diventa il principale protagonista del rito...Lo schema iniziatici che si ripercorre in ogni rituale...prevede la dolorosa separazione del giovane dalla famiglia attraverso un viaggio, lontano dal mondo conosciuto e che allude all'elaborazione del lutto nei confronti dei propri riferimenti infantili e comporta, successivamente un periodo di isolamento...in luoghi nascosti e solitari, dove l'adolescente viene sottoposto ad estenuanti prove fisiche che richiamano al lungo periodo... di gestazione della nuova condizione. Infine il ritorno in società per essere integrato nel mondo adulto"(M. Burato *"I comportamenti a rischio in adolescenza"*, in AaVv (a cura di M.G. Nicotra e G.M. d'Ambrosio)*"Il lavoro clinico con gli adolescenti"*, F. Angeli, Milano 2010, p. 150. Una integrazione sociale, culturale e psichica che l'adolescente deve compiere anche nei confronti del proprio corpo trasformato dagli esiti delle metamorfosi sopravvenute con le tappe iniziatiche. Delle metamorfosi, delle somatizzazioni, delle ipercinesie nelle quali il burattino si imbatte abbiamo già parlato e abbiamo visto come queste siano propedeutiche al mutamento e all'integrazione nel mondo adulto e umano, per quanto riguarda i luoghi ci sono da rilevare elementi di ibridazione e di eteronomia come p. es. il periodo di isolamento e gestazione verso la nuova condizione che Pinocchio compie, biblicamente, nel ventre del Pesce-cane, che, contrariamente all'ortodossia iniziatica Pinocchio non compie in solitudine, bensì in compagnia del ritrovato padre. Possiamo spiegare la cosa dicendo che la compagnia del padre è rafforzativo del distacco dalla dimensione materna, Evidenziando così l'aspetto patriarcale e del vecchio padre biblico che riunisce in sé il *Puer* e il *Senex*. Ma la spiegazione non convince del tutto anche perché, tra le altre cose, come abbiamo già detto la figura del personaggio Geppetto assolve, nella narrazione sia al ruolo e alla funzione del (vecchio) padre, ma anche quella della madre-levatrice, nell'ambito, cioè, di una dimensione materna. Ciò a ulteriore conferma della inafferrabilità non categorizzabile di Pinocchio.

(18)   C.G. Jung , Op.cit., pp. 100 e 101.

(19)   Nel regno inanimato, è certamente il legno la materia più disponibile all'incanto della metamorfosi. Il mistero che presso gli antichi circondava gli alberi, divenne tutta una serie di favole, miti e leggende*"*: G. Jervis Prefazione a *Le avventure di Pinocchio,*G. Einaudi, ediz (1968, 2002) 2008, Torino pp. XXXV e XXXVI. Sulla 'pregnanza mitica' della naturalità floreale, cerealicola, arborea, oltre a J. Frazer *"Il Ramo d'oro"*, è interessante anche

confrontare E. de Martino, *"Morte e pianto naturale, dal lamento funebre antico al pianto di Maria"*,il capitolo *"Le Messe del dolore"*, Bollate Boringhieri, Torino 1975V.J. Propp, *"Fiaba di magia e fiaba cumulativa"*, in AaVv a cura di M. Del Ninno, *"Etnosemiotica"*, Meltemi, Roma 2007, p. 24.

(20)   M. Bettetini *"Breve storia della bugia, da Ulisse a Pinocchio"*, Cortina edit., Milano 2001, p. 37.

(21)   E. Becchi *"I bambini nella storia"*, Laterza Roma-Bari 2010, p. 74. La Becchi in questo ponderoso saggio afferma la possibilità di lettura delle *"Avventure di Pinocchio"* come romanzo di formazione, senza trascurare altre possibilità di accesso alla narrazione di questo testo complesso e multigenere: l'aspetto più esplicito ed evidente, cioè l'aspetto edificante che ne fa un testo "da consegnarsi…nelle mani dei bambini…Accanto a questo itinerario pedagogico –per cui il bene si premia, il male si espia…-c'è un altro senso, del tutto opposto e Pinocchio che non è certo la figura buona nella storia viene comunque ricompensato con la sua metamorfosi in essere umano. Connettivo possibile di questi due sensi è una metaforizzazione dell'infanzia, che prima assume forma antropica e nascere già grande, è parte di un mondo materiale –Pinocchio è fatto di legno- esperisce vicende magiche, è umana e non umana insieme, è insomma a titolo plurimo ed equivoco. Dietro queste ambiguità e a questi paradossi c'è, ancora una volta, un soggetto indefinibile –appunto il bambino- che viene narrato prima di essere denotato" (p. 74 e 75).

(22)   Lo *Schlermenroman* è un po' l'accezione tedesca del romanzo del briccone, originaria della letteratura romanza di marca spagnola e latina in genere: il romanzo del lazzarillo e della narrazione picaresca. Cfr AaVv. *"L'Universale: Letteratura"*, Enciclopedia tematica in collaborazione con le Garzatine, Vol. II° dalla lettera P alla Z, 2005, p. 131.

(23)   Archetipo inteso in senso di modello primordiale che successivamente si ripete con varianze di vario genere. Da intendersi quindi non solo in termini junghiani psicologico-analitici, ma più nel senso di Levi Strauss e di paradigma, modello esemplare in particolare di Mircea Eliade. Cfr. *"Il mito dell'eterno ritorno"*, Borla, Roma 1968. La prefazione all'edizione italiana a p. 7 e da pag. 55 a 70.

(24)   P. Fabbri *"De Tex fabula narratur"*, in AaVv a cura di De Ninno, op.cit. p.227.

(25)   Ibidem p. 227.

(26)   Ib. P. 437.

(27)   A proposito della figura del flaneur come protagonista di un post-romanzo di formazione Cfr. il mio *"Elementi per uno studio comparativo del Romanzo di Formazione in Italia e in Europa"*,in *"L'Abaco"*, anni IV e VII, nn. 4-7, cit., in particolare da p. 241 a 243.

(28)   Cfr. G. Gasperini *"La corsa di Pinocchio"*. Op. cit. Bartezzaghi sottolinea questa energia e turbolenza, il correre di Pinocchio – rifacendosi alle categorie di R. Caillois (R. Caillois *"I giochi e gli uomini. La maschera e la vertigine"*, Bompiani, Milano 2004), con il suo aspetto incontrollato ed anarchico, più simile alla corsa panìca: alla *pidia*, che alla corsa per gioco *(ludus)*, potrebbe essere dovuta al fatto che Pinocchio, essendo lui stesso un burattino, un balocco non può e non sa giocare con altri giocattoli e balocchi, le marionette stesse sono sue consanguinee appartenenti allo stesso genere e alla stessa stirpe, quindi l'unico modo per esprimere le proprie risorse e la propria vitalità è proprio quello della corsa disorganizzata e panìca. Cfr. S. Bartezzaghi *"Il paese senza balocchi"*, in *"Le avventure di Pinocchio"*, Einaudi 2002, cit.

(29)   M. Gagliano*"Pulsioni di morte e destini di vita"*, in I. Pezzini e P. Fabbri (a cura di), op. cit. p. 103.

(30)   Cfr. M. L. Von Franz *"L'Asino d'oro"*, Boringhieri, Torini 1985 p. 8 e sgg. Anche I. Calvino sottolinea questa possibile corrispondenza fra la figura della Fata dai capelli turchini ed Iside. Cfr.*"Ma Collodi non esiste"*,op. cit.

(31)   Cfr. G. Manganelli *"Pinocchio: un libro parallelo"*, Einaudi, Torino 1977.

(32) A. Asor Rosa *Introduzione a 'Le avventure di Pinocchio"*, Gruppo editoriale L'Espresso-La Repubblica, 2004.

(33) Cfr. G. Marrone*"Parallelismi e traduzioni: il caso Manganelli"*, in I. Pezzini e P. Fabbri, a cura, op. cit. da p. 259 a 262.

(34) A tal proposito mi risulta curioso e interessante che un sociologo e antropologo come E.G. Banfield, nella sua famosa ricerca sul familismo amorale italiano "abbia trovato in Pinocchio i fondamenti della morale di Montegrano": L. Volpicelli *"La verità su Pinocchio... "*, op. cit. p. 91.

(35) Cfr. I. Calvino, Op. cit. da p. 32 a p. 35.

(36) F. Jesi *"Letteratura e mito"*, Einaudi, Torino 2002, p. 131. F. Jesi in questo volume, riunisce in un nucleo coeso le figure di Pavese, Novalis, Hoffman, Th. Mann e altri, di fronte al mito, alla sua sacralità e ai suoi rapporti con la letteratura e la poesia.

(37) Cfr. Ibidem p.190. F. Jesi sostiene inoltre che "la parodia nasce nell'ambito di culture che possiedono un passato, alcune forme del quale non sono più ritenute possibili, pur suscitando ancora amore...Anche le fiabe nascono dalla sopravvivenza del passato, non più ritenuto possibile, eppure amato...La parodia, quindi, nasce in quelle particolari circostanze quando si manifesta un sentimento di superiorità nei confronti delle sopravvivenze del passato. L'amore per queste sopravvivenze non consente di abbandonarle, ma la convinzione della propria superiorità induce a servirsene per suscitare il riso" p. 195.

(38) "I simboli...e le genuine immagini mitiche posseggono una singolare individualità esistenziale che si altera non appena il mito subisce una tecnicizzazione (viene evocato deliberatamente e per precisi scopi)". F. Jesi, op.cit. p. 20.

(39) Cfr. P. Fabbri *"Dal Burattino al Cyborg"*, in I. Pezzini e P. Fabbri a cura, op. cit. p. 299 e sgg.

(40) Ibidem p. 291.

(41) Cfr. I. Calvino op. cit. la nota a pp.67-68.

(42) J. Hillman*"Saggi sul Puer"*, Cortina, Milano 1988, p. 4.

(43) Ibidem p. 27.

(44) Ib. p.22.

(45) Cfr. F.Jesi op. cit. p. 151.

(46) Cfr. J. Hillman, op. cit. p. 23.

(47) N. Dusi *"Pinocchio nella balena"*, in I. Pezzini e P. Fabbri a cura, op. cit. p. 190.

(48) Cfr. F. Jesi op. cit., l'autore nelle stesse pagine, rifacendosi al grande studioso di miti ungherese K. *Kerenyi*, sostiene anche che la genealogia della narrativa romanzesca si caratterizza proprio per la sopravvivenza di strutture mitiche all'interno di strutture storiche e socio-culturali, e che mito e romanzo si generano (e rigenerano) reciprocamente.

(49) Cfr. I.M. Zoppi *"Ajantala-Pinocchio di Bode Sowanda"*, in I. Pezzini e p. Fabbri a cura, op.cit. da p. 235 a 255, e, in particolare, per la citazione di alcune curiose 'varianti' e diversificazioni che muovono dalle originali *Avventure di Pinocchio*, si può confrontare a p. 246 e 247.

(50) Cfr. E. Becchi, op. cit. p. 39

(51) I termini si possono invertire ricordando che G. Jervis, non a caso, definisce il Pinocchio, un "libro per ragazzi e non per bambini. Di qualsiasi racconto i bambini che ascoltano hanno bisogno di identificarsi in un personaggio; in questo libro...invece...l'identificazione è difficile, e determina curiose ambivalenze" G. Jervis, op. cit. p. XXXVII.

(52) Ibidem pp.XXVII e XXX.

(53) Cfr. *"Inno omerico a Ermes"*, a cura di C. Cassola, Milano 1988.

(54) Forse non è del tutto inappropriato un richiamo, a proposito di F. Kafka, alla 'teologia inversa' di Th. W. Adorno eW. Benjamin, in virtù della quale Odradek: figura kafkiana, oggetto inorganica, che sopravvive superando la fine; anche Pinocchio tornato allo stato materico e ligneo che sopravviverà al Pinocchio umano. "Detto altrimenti solo alla vita

invertita in cosa è data la promessa di scampare al contesto della natura" Lettera di Th. W. Adorno a W.Benjamin del 17/XII/1934, in F. Desideri "*Il fantasma dell'opera. Benjamin, Adorno e le aporie dell'arte contemporanea*", Il Melangolo, Genova 2002, p. 81. Pinocchio è simile ad un feticcio che nega la sua stessa natura, che non mirerebbe" ad altro che a far dimenticare l'origine della cosa. E' il motivo per il quale l'oggetto feticistico non ha storia, non conosce le vicende del divenire. Sta lì semplicemente" F. Desideri, Ibdem, p 119 e successivamente da p. 130 a 132.

BIBLIOGRAFIA

1) AaVv *"Ottavo rapporto internazionale sulle condizioni dell'infanzia e adolescenza"*, Ed. Telefono Azzuro-Eurispes, 2008.

2) AaVv *"L'Universale-Letteratura"* in collaborazione con *Le Garzatine*, Vol.II° dalla P alla Z, 2005.

3) A. Asor Rosa, Introduzione a *"Le avventure di Pinocchio"*, Gruppo editoriale L'Espresso-La Repubblica, 2004.

4) S. Bartezzaghi *"Il paese senza balocchi"*, in AaVv*"Le avventure di Pinocchio"*, Einaudi, Torino 2002.

5) E, Becchi *"I bambini nella storia"*, Laterza edit. Roma Bari, 2010.

6) M. Bettetini *"Breve storia della bugia, da Ulisse a Pinocchio"*, Cortina edit. Roma 2010.

7) M. Burato *"I comportamenti a rischio in adolescenza"*, in M.G. Nicotra, G.M. d'Ambrosio (a cura) *"Il lavoro clinico con gli adolescenti"*, F. Angeli, Milano 2010.

8) I. Calvino *"Sulla fiaba"* Mondatori, Milano, 2002.

9) Ibidem *"Ma Pinocchio non esiste"*, in *La Repubblica*, quotidiano del 19-20/IV/1981

10) A. Censi *"La costruzione sociale dell'infanzia"*, F. Angeli. Milano , 1986

11) C. Collodi *"Le avventure di Pinocchio"*, edizioni varie.

12) G. Chitarrini *"Elementi per uno studio comparativo del Romanzo di formazione in Italia e in Europa"*, in *L'Abaco*, aa. IV-VII,nn. 4-7, 2005-2008, Aracnè ed.

13) E. de Martino, *Morte e pianto rituale, dal lamento funebre antico al pianto di Maria"*, Bollate Boringhieri, Torino 1975.

14) F. Desideri *"Il fantasma dell'opera. Benjamin, Adorno e le aporie dell'arte contemporanea"*, Il Melangolo, Genova 2002.

15) N. Dusi *"Pinocchio nella balena"*, in I. Pezzini e P. Fabbri (a cura) *"Le avventure di Pinocchio, fra un linguaggio e l'altro"*, Meltemi, Roma 2002.

16) M. Eliade *"Il mito dell'eterno ritorno"*, Borla, Roma 1968.

17) P. Fabbri *"De Tex fabula narratur"*, in AaVv a cura di M. De Ninno *"Etnosemiotica"*, Meltemi, Roma, 2007.

18) P. Fabbri *"Dal burattino al Cyborg"*, in I. Pezzini e P. Fabbri (a cura), op. cit.

19) J. Frazer *"Il Ramo d'oro"*, Boringhieri, Torino 1980.

20) E. Garroni *"Pinocchio uno e bino"*, Laterza, Bari 1975.

21) M. Gagliano *"Pulsioni di morte e destini di vita"*, in I. Pezzini e P. Fabbri (a cura).

22) G. Gasperini *"La corsa di Pinocchio"*, Vita e Pensiero, Milano 1997.

23) J. Hillman *"Saggi sul Puer"*, , Roma 1988.

24) G. Jervis Prefazione a *"Le avventure di Pinocchio"*, Einaudi 1968, 2002, 2009, Torino.

25) C. G. Jung *"Psicologia dell'inconscio"* e *"L'Io e l'inconscio"* Fabbri, RCS Libri de *La Repubblica*, Milano 2010.

26) F. Jesi *"Letteratura e mito"*, Einaudi , Torino 2002.

27) K. Kerèny , C.G. Jung *"Prolegomeni allo studio scientifico della mitologia"*, Ed. Boringhieri 1972.

28) C. Levi Strauss *"Razza, Storia e altri studi di antropologia"*, Einaudi, Torino 1977.

29) G. Manganelli *"Pinocchio: un libro parallelo"*, Einaudi, Torini 1977-

30) G. Marrone *"Parallelismi e traduzioni. Il caso Manganelli"*, in I. Pezzini e P. Fabbri, op.cit.

31) F. Moretti *"Il Romanzo di Formazione"*, Garzanti, Milano 1986.

32) R. Paternostro *"Motivazioni ideologiche-culturali del Verismo di Capuana. Saggio criticp-introduttivo a L. Capuana "Il Raccontafiabe", ovvero fiabe, novelle, raccontini e altri scritti per fanciulli"*, Aracnè, Roma 2003.

33) I. Pezzini*"Tra un Pinocchio e l'altro"*, Introduzione a I. Pezzini e P. Fabbri (a cura), op.cit.

34) A. Roncaccia *"Critica e teoria letteraria del novecento sul romanzo come genere"*, in *L'Abaco"*, nn. 4-7/2005, op.cit..

35) V.J. Propp *"Fiabe di magia e fiaba cumulativa"*, in AaVv a cura di M. De Ninno, op.cit.

36) A. Van Gennep *"Riti di passaggio"*, Ed. Boringhieri, Torino 2001.

37) M.L. Von Franz "L'Asino d'oro" Ed. Boringhieri, Torino 1985.

38) L. Volpicelli *"La verità su Pinocchio. Saggi sul Cuore e altri scritti"*, Ed.Armando, Roma 1963.

39) I.M. Zoppi "Ajantala-Pinocchio di Bode Sowanda", in. P I. Pezzini e P. Fabbri (a cura) op.cit.

RIFLESSIONI SUL ROMANZO DI FORMAZIONE IN ITALIA E IN EUROPA(*)

"Il gioco è più antico della natura"

J. Huizinga, "Homo Ludens"

Introduzione

E' con il secondo Rinascimento e successivamente con l'Illuminismo che, secondo Duby e Le Goff, si sono create, nel mondo occidentale, le condizioni per la creazione di quella realtà che, successivamente, verrà definita "la scoperta dell'Infanzia ". La formazione cioè di una immagine reale e di una rappresentazione sociale diffusa di una condizione umana particolare assai complessa e per certi aspetti ambigua e ambivalente, situata fra natura e cultura, frutto di una costruzione sociale(1), operata da una classe in ascesa: la classe della borghesia, in particolare di quella borghesia urbana e industriale che sovraintendeva il compiersi della modernità. La "prima formazione dominante che, dopo consolidata socialmente e storicamente fissa l'infanzia e nella gioventù la parte più significativa della vita"(2). La genesi e la autonomizzazione della figura del bambino, dell'adolescente, e, per estensione del giovane, può essere scandagliata, tra l'altro anche attraverso la "letteratura *e* nel romanzo, che accompagnano l'affermazione del capitalismo industriale –nel quale- il bambino assume centralità"(3), visibilità, importanza e un certo margine di autonomia. Una dimensione propria, diversa e distinta da quella dell'adulto: non è solo una creatura che deve solo aspettare di crescere; non più un adulto in scala ridotta come aveva dominato sino ad allora nell'immaginario collettivo dell'umanità.

E' anche nella letteratura che, come dicevamo, si rintraccia e ne prende forma narrativa ed istitutiva questa nuova visione; soprattutto attraverso il racconto dei nuovi processi di socializzazione ed educazione in cui, al bambino e al giovane, vengono attribuite specifiche caratteristiche di

99

soggettività e autonomia, dando così all'essere adulti e alla 'adultità', una dimensione processuale, un realizzarsi, attraverso tappe successive, di un percorso maturativo in divenire verso un esito finale. Un esito che è il risultato di un procedere identitario che si realizza attraverso la trasmissione di valori, significati e norme per via prescrittiva e deterministica, sia attraverso scelte soggettive frutto di caratteristiche individuale ed acquisitive. In ultima istanza il romanzo moderno, è la forma letteraria, artistica ed estetica che meglio si adatta alla descrizione e alla narrazione di questo processo e di questo itinerario educativo. Il Romanzo di Formazione, in particolare, diviene così una concezione e un genere dai connotati pedagogici, costrutto espressivo, come dicevamo, di una classe sociale in ascesa, della quale poi ne esterna anche una definizione di 'etica pubblica'. Quella etica protestante, ma non solo, che Max Weber definirà essenziale per la propria nascita e per lo svilupparsi in pieno del Capitalismo. In altre parole, il Romanzo di Formazione segnerà, fra alterne vicende, l'epopea borghese, così come – dirà Hegel- la tragedia classica o elisabettiana, l'epica o il romanzo cortese, contraddistinsero, in passato, altre classi e altre stratificazioni sociali. L'epopea narrata di una formazione sociale che vuole farsi egemone anche prendendo a cuore la sua riproduzione-perpetuazione, attraverso la formazione e la educazione delle generazioni a venire, descrivendone e narrando i percorsi iniziatici, *Topoi*, figure emblematiche ed idealtipiche, luoghi elettivi e deputati preposti alla realizzazione di questa formazione ed educazione di questa nuova formazione sociale e civiltà comunemente definita 'borghese'.
Questo genere letterario si realizza, direi in forma quasi archetipica nel *Bildungsroman* di area germanica e di stampo goethiano.

(*)Il titolo originale del saggio è "Elementi per uno studio comparativo del Romanzo di Formazione in Italia e in Europa", comparso sulla rivista L'"Abaco" annualità IV-VII (nn. 4-7) Aracnè-Magnanti edito. Aa. 2005-2008. La versione qui prodotta è il risultato di una rilettura, aggiornamenti e modifiche apportati nel 2014.

Questo genere letterario si realizza, direi in forma quasi archetipica nel *Bildungsroman* di area germanica e di stampo goethiano: *Gli anni di noviziato di Wilhelm Meister*, e il suo proseguimento *Gli anni di pellegrinaggio*. Ma anche, e forse con toni meno didascalici rispetto l'opera goethiana, sono da ricordarle *lettere sull'educazione estetica dell'uomo* di Schiller, e il romantico *Enrico Ofterding* di Novalis. Un corpus che costituisce, l'esempio più noto e significativo di questo nuovo genere letterario-pedagogico, che pone il tema centrale della modernità borghese, chiedendosi come l'uomo possa realizzare e 'diventare sé stesso' inserendosi, o meno (come accadrà per *Il giovane Werther*), nell'ingranaggio della società e della realtà produttiva industriale e borghese-capitalistica.

Diverso, ma simile nelle sue finalità educative, è, per quanto riguarda il versante francofono, *L'Emilio* e *La nouvelle Eloise* di J.J. Rousseau, oppure il *Leonardo e Gertrude* dello svizzero Pestalozzi, nei quali -in particolare i primi due titoli- sono presenti, aggiuntivamente, in maniera metaforica ma fondamentalmente caratterizzanti, echi e risultanze ideologiche-assiologiche, degli esiti di certo illuminismo che fece da battistrada alla Rivoluzione francese.

Insomma una nuova *Paideia* borghese e occidentale, di carattere letterario: la narrazione della gioventù moderna, o meglio, di certa gioventù. Quella gioventù che si vuole raffinata e colta, capace e destinata a subentrare ai padri nella gestione della manifattura e dei commerci, della burocrazia dei nuovi Stati nazionali e negli apparati della nascente grande industria; quella gioventù famosa per il suo viaggiare iniziatico e propedeutico alla formazione di una nuova classe dirigente pienamente cosciente e consapevole di sé e del proprio ruolo sociale ascritto e prescritto; quello che dal tardo Rinascimento in poi e fino agli inizi del novecento sarà il cosiddetto *Grand Tour*. La gioventù che ama l'arte, il teatro e le belle lettere, ma che dovrà alla fine disciplinarsi secondo una certa etica, risolvendo e dissipando, con il passaggio all'età adulta, proprio questa tensione estetico-ludica fra arte ed impegno amministrativo-gestionale. La fine del percorso, la tappa finale prevede proprio la 'Rinuncia'; un *Telos* che è scelta, e che segnerà l'avvenuto passaggio alla maturità, scelta di consapevolezza e unilateralità di disciplinamento della persona e di dominio sulle pulsioni, quelle artistiche in particolare (come farà il Wilhelm di Goethe), su quella multilateralità che si vuole essere il tratto caratterizzante della giovinezza. Quelle pulsioni artistico-espressive, che, secondo una rigida e sbrigativa definizione dell'eccezione pietistico-calvinista, risultano essere alla fin fine futili di impedimento a quell'inserimento funzionale e positivo nel mondo adulto e produttivo, forse anche –se vogliamo- utilitaristico. Nel Wilhelm Meister la tensione è fra vocazione primaria di tipo artistico ed estetica da un lato, e 'chiamata'a obblighi e responsabilità produttivistiche dall'altro: fra la passione per il teatro e l'assunzione di responsabilità, nell'ingranaggio, in quel tassello che gli prescritto, che gli è stato predisposto all'interno delle attività commerciali-industriali della famiglia e della fabbrica.

Infatti speculare a Wilhelm è la figura de *Il giovane Werther*, giovane e raffinato intellettuale, uomo vittima delle sue stesse passioni, incapace di operare una scelta; l'ombra', il contraltare di Wilhelm, che non riesce ad affrancarsi dalla sua irrisolutezza e indeterminatezza, finendo poi suicida per un amore sbagliato. Altra incarnazione di questa incongruità rispetto ai sentimenti e alle istanze capitalistiche è anche il prototipo dello scienziato, il cui sapere, un po' come l'artista, il personaggio del *Kuntsleroman,* non trova alcun riscontro tecnologico, applicazione pratica ed operativa in quello che è il mondo e il sistema produttivistico capitalistico, la sua conoscenza e scienza è destinata a rimanere passione irrisolta, un demone che spinge sempre più avanti senza una risoluzione di sintesi applicativa. Il *Faust,* personaggio archetipico che dalla leggenda e dal folclore, raggiunge in Marlowe e poi nell'accezione goethiana, una compiuta caratterizzazione poetica attraverso successive redazioni dall'*Urfaust* fino a quella definitiva, scritta nella piena maturità dallo scrittore tedesco, fra il 1826 e il 1831, nella quale Mefistofele, il demone, offrirà a Faust tutte le possibilità di compiere in pieno tutte le quelle esperienze coltivate in una vita, i desideri reconditi riguardanti gli aspetti e le pulsioni istintuali e primarie, conciliare l'incontro con Margherita e quello che è l'Eterno femminino, con le istanze demoniache della conoscenza e della ricerca. Successivamente Faust scoprirà che la sua ricerca, le aspettative di una vita, le aspettative scientifiche, artistico-estetiche e sentimentali non possono trovare una soluzione; e allora comprenderà che solo il bene operoso, l'accettazione normativa ed etica dei principi correnti e dominanti (quelli della classe borghese in ascesa) possono offrire all'uomo la giusta dimensione esistenziale. Più di un secolo dopo questa figura archetipica troverà una reincarnazione nel *Doktor Faustus* di Thomas Mann, che costruirà il suo personaggio ricalcando le vicende umane di Nietzsche, con esito completamente ribaltato rispetto al Faust originario di Marlowe e Goethe. Alla fin fine Werther e Faust non raggiungeranno i propri scopi, la propria realizzazione sociale ed esistenziale, mentre invece, come dirà Hegel "Wilhelm, alla fine, riuscirà a diventare un filisteo come tutti gli altri". Tornando all'area francese il *Candido* di Voltaire, dopo una serie di alterne vicende si ridurrà a vivere senza illusioni, in una sorta di pervenuta, quieta saggezza, adattandosi a "coltivare il proprio giardino"; non diventando proprio un filisteo, ma riuscirà a costruire una propria nicchia salvifica nella complicata trama della vita; più prosaica e ridotta rispetto le aspettative e le velleità coltivate in età giovanile. Né una fine cruenta come Werther e neanche un pieno adattamento alle condizioni sociali e alle convenzioni vigenti, piuttosto che una rinuncia finale o un adempimento sembra una sospensione, un acquietamento con un pizzico di rassegnazione; forse una prima crepa rispetto l'ortodossia del Romanzo di Formazione ed educativo, che peraltro, in Francia, venne partorito nella luce più immediata e diretta dei Lumi respirando l'aria della Rivoluzione. I toni precettistici e formali sono in secondo ordine, lasciando intendere una maggior complessità nella scrittura narrativa e nella 'incombenza' pedagogica: siamo già alle latitudini de *Il Rosso e Nero* e *L'educazione sentimentale*.

Comunque in questa tensione fra ambizioni giovanili artistico-espressive da un lato, convenzionalismo borghese con inserimento nel mondo 'adulto' dall'altro, caratterizzerà il Romanzo di Formazione ed educativo per oltre un secolo, risolvendosi definitivamente a cavallo del novecento, con la prima entrata in crisi della modernità e l'affacciarsi delle masse sul proscenio delle società occidentali, una tappa della storia che vedrà il dissolversi della compatta funzionalità del progetto educativo tradizionale. Il protagonista del romanzo moderno novecentesco, che possiamo anche leggere come Romanzo educativo e di Formazione, si caratterizzerà per la sua soggettività, che è un 'ritiro' ma anche una affermare la propria soggettività in un registro più latente dell'esistenza.

Il soggetto protagonista del primo Romanzo aveva una sua centralità identificabile nella realtà totale, nella comunità-società, più o meno organica, in un percorso identificabile attraverso le scansioni di tappe ben circostanziate di un viaggio, un percorso iniziatico ben definitivo e determinato(4). Con il nuovo romanzo il viaggio è un dipanarsi di sentieri nei quali spesso "L'uomo senza qualità" finisce con il ritrovarsi in una dimensione estraniante e al contempo ubiquitaria, o in un labirinto interiore, come Joyce o Proust. Secondo Lùkacs, sulla scia di Hegel, è proprio la forma narrativa tradizionale del romanzo ottocentesco, visto come forma totale e come sintesi ultima, che viene a smarrirsi. Goldman, successivamente, individuerà, postulando una analogia sempre più significativa e cogente, fra sviluppo della letteratura e vita socio-economica, nel passaggio dell'economia classica al regime monopolistico e fiscale-azionario la nascita del protagonista problematico meno filisteo ma anche poco adattabile, lasciando intravvedere, almeno in alcuni casi, una scissione fra il soggetto e il mondo circostante, o ancora, una vera e propria assenza del soggetto (Musil, Joyce, Kafka e altri)(5), Come dicevamo, perdendo la sua centralità egli non può più avocare a sé la condizione di 'rinunciante', ma neanche risolvere la sua soggettività nell'arte, nel realizzarsi come protagonista e artista; viene a mancare, in altre parole, quella distinzione fra protagonista del *Bildungsroman* e protagonista del cosiddetto Romanzo dell'Artista (*Kunstleroman*), una biunivocità che poi altro non era che due volti, due aspetti complementari della stessa medaglia nella cornice di quel "riflesso" ideologico del sistema capitalistico, giunto a maturazione nella metà dell'ottocento.

Dalle province alla metropoli

La metropoli è sconfinata, i suoi limiti sono mobili e in continua riscrittura, i porosi e incerti perimetri ormai tendono a non presidiare più una ben contrassegnata identità urbana e i margini, nel loro continuo ridefinirsi, hanno perso ogni competenza nei riguardi delle prescrizioni formative che invece erano essenziali nella realtà comunitaria e nella *Citè educative*. La metropoli prevarica i limiti e assorbe le realtà vicine; delocalizza e cannibalizza identità storicamente determinate ridefinendole e de-formando tradizioni e localismi. Un venir meno del confine che è il risultato conseguente della sua progressiva de-sacralizzazione, iniziata sul finire del medio evo, con l'uscita dalle mura cittadine e lo sconfinamento delle economie domestiche e di sussistenza territoriale; e, al contempo, con la scoperta di nuovi continenti e nuovi mercati; così che la comunità residuale ha dovuto ridefinirsi non più attraverso la sola, oggettiva e naturale prossimità spaziale ma anche attraverso il sentimento e la relazione più o meno riflessa essendo scadute ogni remora prescrittiva. La città è identificabile attraverso il disegno di sé stessa e i suoi percorsi che governano gli spazi, la metropoli è policentrica e tende a rendere anonimi non luoghi anche il borgo e il paesino, problematizzando così ogni formatività e ogni progetto esistenziale di crescita. Se il Romanzo della modernità trova ambientazione nella città più o meno educativa, il Romanzo e la fiction contemporanea stenta ad adeguarsi nella problematica e differenziata realtà della megalopoli. La formazione così diventa performance o formattazione di un soggetto che vive nella totale libertà e nella malinconia della perdita del centro e del confine. Un'ulteriore sperdimento che può essere almeno ridefinito attraverso una ridefinizione dei percorsi formativi.

I "maestri del sospetto" (Nieztsche, Marx, Freud) sono un po' le fondamenta intellettuali e culturali del nuovo corso del Romanzo di Formazione nel novecento. Di questo ritrarsi del soggetto, del suo farsi enigma e flusso di coscienza. A parere di chi scrive, un grande contributo analitico nei riguardi delle rappresentazioni espressivo-letterarie di questa nuova soggettività nelle società che ormai avevano portato a termine il processo di urbanizzazione a fronte della compiutezza della industrializzazione e massificazione è stato dato, oltre che da Benjamin, anche da George Simmel, almeno sul piano della descrizione e analisi sociologica e in tutte quelle discipline 'di confine', che poi altri studiosi definirono con il termine onnicomprensivo di 'estetica sociale'. Il sociologo e filosofo berlinese delineò le coordinate per una disincantata comprensione della modernità e delle sue contraddizioni, individuando e circoscrivendo delle tipologie umane e sociali che, nella loro attualità, costituirono la rappresentazione di alcune della condizione umana nella modernità: il denaro, lo straniero, la socialità, la civetteria, la moda, le relazioni amorose ecc. Il suo pensiero, oggi in Italia, è ampiamente conosciuto e dibattuto, anche se, mi sembra, non riconosciuto fino in fondo: troppo sociologico, sistematico ed empirista-vitalista, per certa filosofia accademica nostrana, troppo naif e giornalistico-impressionistico, invece per molta sociologia. Nella sua opera, emerge, tra l'altro, attraverso il declino delle forme intese come sintetiche coordinate del vivere umano, l'estraniamento dalla vita ordinaria, lo sganciamento del suo agire dalle connessioni abituali e consuete, e il suo definitivo "congedo dalla totalità organica degli eventi quotidiani"(6).

In questo orizzonte, l'estetica e l'arte, per Simmel, divengono strumenti di conoscenza, quasi un esercizio metodico di comprensione non solo del bello e della mimesis, ma dell'agire umano nel suo complesso; un'ermeneutica che costituisce la chiave non solo del

"del conoscere…ma anche dell'accesso…delle categorie e delle funzioni dello Spirito, in base alla quale la totalità dei contenuti viene ricondotta a un a un mondo ideale, divenuto autonomo rispetto alla vita, da cui pure ha origine, e dominato da un principio unitario"(7).

Di fronte a questa problematica e aporistica ridefinizione il soggetto non è più un 'rinunciante'; la nuova centralità dell'estetico (già evidenziata da Adorno) consente il rinvio delle prerogative prescritte: il soggetto non è più in obbligo riguardo la collocazione nella sfera produttiva. Il protagonista dell'esperienza formativa nella letteratura del novecento diviene il disincantato ed ironico 'flaneur', socraticamente stupefatto di fronte all'enigma della nuova complessità sociale e della malinconia per la perdita di quella che era la comunità, dispersa negli orizzonti indefiniti delle nuove metropoli.

"Perché…proprio…la metropoli è il luogo della massima concentrazione e della massima differenziazione sociale…la sede della individualità per eccellenza, il luogo dove è massima la libertà di movimento e di espressione del singolo"(8).

In altre circostanze ci si è occupati, specificatamente, di questa nuova stagione del *Bildungsroman*(9), non è pertanto il caso, in questa sede, di soffermarvisi oltre, se non per sottolineare come, dalla prima metà dell'ottocento e fino a oltre la prima guerra mondiale, la narrazione delle vicende formative ed educative della persona subisca una modifica, uno scivolamento e un ampliamento dei margini del genere che oltre alla trama mette in discussione il senso e i contenuti di questa 'nuova' formazione e i modelli pedagogici ad essa sottesi. Nella trama tradizionale la dimensione biografica e personale del protagonista è posta in seconda istanza, quello che invece determina il percorso formativo è il progressivo adeguamento al ruolo ascritto: l'adattamento come status di forma compiuta e segno di maturità perseguita e raggiunta. Nella forma epigona e novecentesca, questo registro ortodosso e oggettivizzante viene meno, le istanze prescrittive diventano nodi problematici, il soggetto, massificato, è avvolto da ambivalenza nel senso che, pur risultando decentrato rispetto al sistema e alle aspettative, risulta invece centrato rispetto quella che è la dimensione biografica e personale-coscienziale. La meta finale nel registro dell'ortodossia era una formazione personale-spirituale compiuta, un risolversi nel ruolo sociale e nella adeguata capacità di esplicamento delle funzioni inerenti; nel 'nuovo' romanzo semmai vi è 'una quiete di ruolo' prodotta dal lasciarsi andare al disincanto e a certo pan-estetismo, che produce una soggettività assorbita dall'impegno del vivere nella complessità e differenziazione sociale, senza più i percorsi consueti e abituali (10). Gli stessi 'luoghi deputati', le procedure rituali-inziatiche, i passaggi ecc, cambiano segno e significato: la *Gemeinbildung* muta la sua azione e il suo essere occasione e luogo formativo-educativo: da luogo di relazioni intime, affettivamente prossimali, si trasforma in una sorta di non luogo o di istituzione totale: il sanatorio di Davos ne *La montagna incantata*, o l'infernale istituto militare ne *I turbamenti del giovane Toerless*, il mistico e severo monastero de *Il gioco delle perle di vetro* ecc. In alternativa ai perimetri degli istituti, monasteri e d ospedali, come dicevamo, c'è la grande metropoli, dove i confini e le identità sono più incerti e fluidi e le traiettorie esistenziali più indeterminate e vincolate da percorsi prestabiliti. Non siamo più di fronte alle Province pedagogiche, bensì ai 'non luoghi' (11)che costellano le capitali europee, dell'occidente e dell'occidentalizzato in generale. Così che il protagonista si configura come viandante dei 'passaggi', un tipo antropologico inedito: il 'Flaneur' e il 'Blasè'(12). Esteta e uomo-massa che odia le convenzionalità, ma si perde irrimediabilmente nell'anonimato della folla metropolitana(13). E' un nomade disincantato, condivide con altri erranti delle città capitalistiche e le metropoli post-moderne le "strategie di perlustrazione…il poeta flaneur si aggira mischiandosi alla folla, ma restandone incontaminato"(14) ed estraniato, le sue modalità di percorrenza sono tattiche mimetiche(15); contempla insegne, il traffico, le luci, il frastuono ma seleziona tutti questi stimoli con quella competenza estetica che gli permette di non lasciarsi sopraffare dalla ridondanza e dal fragore dalle immagini e degli stimoli stessi. La Berlino di A. Doeblin e dell'"infanzia" di W. Benjamin, o la mitica e tentacolare metropoli parigina di Baudelaire e Flaubert, la Londra immensa e miserabile di *David Copperfield* e *Oliver Twist*, la Dublino dei 'ritratti' di Joyce, la sontuosa e spettrale Praga di Kafka o Trieste di un 'borderline' come Zeno Cosini: città periferica e non del tutto metropoli, ma città di confine, propaggine estrema di un impero, fino –come vedremo in seguito- alla Firenze operaia e in via di urbanizzazione di inizio secolo o inizio fascismo di Pratolini (Metello), o i borghetti e le periferie pasoliniane.

In Italia

Come abbiamo detto il *Bildungsroman*, nella sua accezione ortodossa, è stato un prodotto dell'area germanica, ed è stata la metafora narrativa della borghesia in quanto classe sociale storicamente in ascesa: il 'rispecchiamento' letterario di quella che Max Weber definì, pochi decenni dopo, l'Etica protestante. Tanto è che nella sua scrittura confluiscono scopi spunti ed echi, seppur remoti, dell'antidogmatica pietistica e calvinista. Se filosoficamente è un po' la rappresentazione espressiva e letteraria dell'entelechia hegeliana, è anche la forma che poi, universalizzandosi, "renderà possibile il secolo d'oro della narrativa occidentale"(16), declinandosi dopo in varie esperienze e tipologie, tanto che, all'occhio dello storico, solo attraverso un ampio sguardo si potrà ancora parlare, sui generis, di Romanzo di Formazione ed educativo, essendo questa un'espressione sufficientemente elastica da accogliere i vari spostamenti di accento, le varie declinazioni nazionali, culturali ed intellettuali, le diverse accezioni stilistiche ecc. ecc. Tanto che per esempio, in Francia, ovviamente l'Emilio o la Eloise, saranno, più che in Germania o in Inghilterra, la rappresentazione letteraria-pedagogica di un certo illuminismo propedeutico al grande evento di fine settecento: la Rivoluzione Francese, a cui seguirà dopo la restaurazione e con essa l'antieroismo della stagione post-napoleonica, che vedrà i personaggi di Flaubert, Balzac e anche

Stendhal quali protagonisti emblematici. Al borghese capitano d'industria, pioniere imprenditoriale, innovatore coraggioso, verrà sostituito l'imprenditore finanziario e il pantofolaio economo e conservatore, l'azionista poco propenso al rischio, e se mai, con il denaro degli altri; inverando così la diagnosi tipologica di taglio schumpeteriano, che vede la civiltà capitalistica moderna, nel suo complesso, come tipicamente razionalistica ed antieroica(17).

Infatti subito dopo, se non parallelamente, ai romanzi che esplicitamente esaltavano lo sforzo, lo slancio e il coraggio del capitalista imprenditore, in area anglofona, là dove, appunto, il sistema capitalistico risultava essere più avanzato, ecco apparire romanzi di altro carattere come *Daniel Deronda,* i già citati lavori di Dickens, e anche di Stevenson, che certo non sono l'esaltazione acritica del capitalismo. Dalle avventure di Swift e Defoe o le eroiche gesta dei pionieri puritani o dei *Capitani Coraggiosi,* ci si sposta più su un terreno di carattere sociologico, o meglio sarebbe dire di denuncia sociale, per certi versi, mentre per altri versi invece, l'ambito di azione sembra assumere coloriture di carattere giuridico-notarile. Le storie, infatti finiscono o con un matrimonio e relativo coinvolgimento dei patrimoni e, a volte, di cospicui interessi, o con un processo in Tribunale: l'utilitarismo inglese fa da contraltare all'illuminismo francese. L'azione in area anglofona tende più a svolgersi nei comodi salotti nelle ricche dimore cittadine o nelle campagne appena fuori città, oppure, viceversa, negli scantinati e nei miserabili vicoli dell'est end londinesi, quasi come nei reportages di Engels sulla condizione della classe operaia in Inghilterra. Tribunali, eredità, salotti, matrimoni, vicoli, capannoni e bettole: *sono questi* i mondi vitali di *Jane Eyre, Oliver Twist* e *David Copperflield.*

Il Romanzo di formazione nasce con gli eroi rinuncianti per approdare negli studi notarili; le vicende si snodano, sia quando gli eventi formativi si realizzano in spazi delimitati, in una dimensione privata e comunitaria, sia invece in una dimensione pubblica e sociale al di fuori, o comunque al margine delle vicende politiche.

Questi personaggi, si caratterizzano tutti per una loro connaturata "impoliticità"; e, pur riflettendo, nei propri percorsi esperenziali, le vicende del mondo, guerre, rivoluzioni, crolli di imperi, la loro vicenda formativa sembra accampare uno spazio liminale e appartato.

Pur vivendo con evidenza i conflitti e le contraddizioni della loro epoca, e senza essere, in linea di massima, reazionari o rivoluzionari, conservatori o progressisti, il codice narrativo sembra porsi in una dimensione nieztschena e manniana prima ancora di Nieztsche e Mann. La dimensione della impoliticità, è vissuta da questi personaggi senza essere apolitici o qualunquisti, essi ci sembrano vivere inconsapevolmente le grandi vicende, sballottati a margine dei grandi eventi della Storia e della Politica. Nel Romanzo di Formazione vi è tutta l'evoluzione della borghesia e le tappe delle sue vicende storico-sociali: dai rivoluzionismo illuministico di Rousseau, allo stato nascente della borghesia in area anglo tedesca, fino alla fase monopolistica e alle vicende storiche che portano alla ribalta le nuovi classi sociali industriali ed urbane. Da una formazione oggettivata e universalizzante a una narrazione giocata sul registro esistenziale e dell'interiorità soggettiva. In Italia le cose sono andate in maniera diversa.

 il Romanzo di Formazione, con tutte le sue declinazioni e variazioni sul Itema è stato l'espressione di una classe che nella sua evoluzione è sempre stata tesa a porsi quale classe universale, egemone e dominante. In Italia invece la nostra borghesia si è affermata tardivamente, dopo decenni *sub judice* di potenze straniere, affermandosi stentatamente su tutto il territorio nazionale solo a fine Ottocento, la sua egemonia ha dei tratti particolari e anche parziali. Pasolini parlerà a tal proposito e da un punto di vista letterario, di una borghesia italiana storicamente involuta,

Tornando al Romanzo di Formazione, F. Moretti, d'altro canto, non esita, a livello ipotetico, ad annoverare *I Promessi Sposi* fra questo genere(20); forse si tratta di un azzardo, e le ipotesi rispetto le interpretazioni di questo romanzo –che resta il capolavoro della nostra letteratura- restano ancora da verificare; sicuramente si tratta di un'opera di narrazione storico-sociale e di pensiero politico e un'opera che voleva porsi come strumento al servizio dell'unificazione linguistica e culturale, oltre che di educazione civile e nazionale della nostra Italia. Alcuni aspetti e alcuni *Topos* potrebbero essere ascrivibili, pur nella loro atipicità, a determinati canoni che caratterizzano la letteratura di formazione tradizionale e ortodossa. C'è il passaggio, da parte dei giovani protagonisti, da una condizione di vita legata alla Comunità (*Gemeinschaft)*, il villaggio fra le montagne e in riva al lago, un ambiente contrassegnato da famigliarità e domesticità, faccia a faccia, a una realtà societaria più complessa, una realtà cittadina: la Milano della peste. Non proprio la metropoli, "la grande Babilonia moderna"(21); è piuttosto una città medio-grande dell'Italia del seicento, dominata dallo straniero e che si avviava a diventare realtà urbana e industriale-manifatturiera. Luogo di dominio spagnolo, sotto l'egida benevola della chiesa e piegato dalla peste: un antico orrore medioevale più che industriale, un male portato dall'esterno (dagli untori), dallo straniero ostile e cosmopolita, un male che si voleva ancora proveniente dall' esterno, da una alterità insinuatasi in quello che costituiva il circostanziato perimetro di una città in via di urbanizzazione e di passaggio alla modernità. Anche Lucia e Renzo compiono un viaggio: non è il Grand Tour con il quale i giovani e benestanti borghesi del continente europeo completavano la loro formazione; ma è anch'esso un percorso di trascendimento della condizione preesistente, una esperienza di alterità, distacco e maturazione. Quasi un percorso iniziatico, denso di presagi e nostalgie, di prove e di raggiungimento finale di una nuova configurazione esistenziale. Frà Cristoforo potrebbe configurare, da un versante religioso, la figura magistrale, la guida spirituale, ma anche formativa dei due giovani. Per altri aspetti Il castello dell'Innominato, la Monaca di Monza e altri sembrano quasi configurare, non senza un certo sforzo d'inventiva, un'iconografia da *Gothic Romance*, prodotto, anche questo, drll' ethos borghese 'nordico', di sicuro non italiano, eterodosso ma pur sempre contiguo alle coordinate dello stesso ethos, ma altresì lacerato fra romanticismo e positivismo tecnologico (si pensi al personaggio Frankstein)(22).

Se, come abbiamo detto, i protagonisti d'oltre confine "scansano gli eventi storici, gli "umili"(23) manzoniani subiscono invece la Storia; non trovano modalità adattive e di consapevolezza e vivono da vittime non protagoniste e pagano di persona le contraddizioni e le ingiustizie di una realtà anomica, di una comunità in via di superamento e ancora percorsa da residui semifeudali, timidamente protesa verso attività preindustriali, come la manifattura e una ancora arcaica divisione del lavoro. Questi "umili". Non sono di certo i protagonisti di ascesi intramondana, della chiamata *(Beruf)* di cui resta protagonista il capitalista centro e nord europeo, nè il borghese colto legato all'illuminista francese. D'altro canto è anche vero che Renzo Tramaglino e Lucia Mondella vivono, un percorso di educazione sentimentale, sperimentano dei percorsi iniziatici, dei riti di passaggio, che implicano un discorso di formazione, ma non ci troviamo certo di fronte alla narrazione di una borghesia al centro del mondo, protesa a riprodurre sé stessa universalizzando la propria Etica, il romanzo manzoniano mi pare abbia più un'intenzione politica, di funzionalità ad una piccola borghesia patriottica, ad una Italia "da fare", sul piano dell'identità nazionale, linguistica culturale ecc, e religiosa. In questo, se c'è consentito dire, potrebbe consistere l'intento politico-pedagogico di Manzoni.

Guardando indietro nel tempo e seguendo un filone di tipo illuministico all'italiana, o meglio sarebbe dire milanese (non a caso la città più europea d'Italia, almeno nel primo Ottocento) si può risalire a Pietro Verri, autorevole esponente antesignano di quell'illuminismo, con vari accenti, definibile cristiano, «del quale proprio il democratico ed umanista autore de *I Promessi Sposi* fu autorevole esponente»(24).

Il Verri però, credo, possa essere annoverato come saggista più che come un romanziere; un pedagogista che riecheggiando alla lontana il Rousseau e gli altri "francesi" e proseguendo sui tracciato di Rosmini e Mantegazza, aveva messo a punto, subito dopo la pubblicazione in Francia *La nouvelle Eloise,* in coincidenza della nascita della figlioletta; un diario che troverà pubblicazione tre anni dopo nelle tristi circostanze della prematura scomparsa della moglie. Un diario-documento compilato probabilmente per illuminare, attraverso la memoria biografico-famigliare, il percorso evolutivoeducativo dei primi anni della figlia e i suoi rapporti con la madre ancora in vita. Pubblicato il diario assunse infatti il titolo *"Notizie intorno la vita, i costumi e la morte di vostra madre"*. Sicuramente un ottimo studio pedagogico, ma dal taglio prettamente precettistico e dai toni commemorativi riguardo la figura materna. Tutta altra cosa rispetto quello che era il Romanzo di Formazione nel resto d'Europa, che nasceva come opera letteraria prima che pedagogica o di analisi sociale, quindi, al di là di dirette istanze finalizzate di utilizzo educativo.

Senza alcun riferimento al testo del Verri che resta illuminante nella storia dei costumi e del pensiero illuministico italiano e tornando all'arretratezza complessiva della borghesia italiana, un critico severo come Gramsci, scriverà nel dopoguerra come fosse peculiare il tratto dello scrittore

"italiano che studia come dominare, come essere più forte, più abile, più furbo; il francese... – invece- . ..come dirigere, e quindi come comprendere per influenzare ed ottenere un consenso spontaneo ed attivo...Così in Italia si ha una grande abbondanza di libri come "Il Galateo", in cui si bada all'atteggiamento esteriore delle classi alte. Una differenza ... - riscontrabile - ... anche nel romanzo che in Italia è più esteriore, senza contenuto umano nazional-popolare o universale"(26.)

Il Romanzo di Formazione, ma anche in termini più generali, il Romanzo borghese è caratterizzato proprio dalla tendenza a proporsi come tipologia umana generale, evidenziando tratti universalizzabili, usando come registro di scrittura non quello dell'immediata fruizione strumentale e prescrittivistica, ma, viceversa, usando quello più indiretto, mirante alla formazione etica più che di descrizioni di etichette e azioni spendibili sul piano di un'immediata funzionalità normativa. La *Oeffentlischkeit* di costruzione borghese è proprio il frutto storico-sociale di questo tentativo; della preoccupazione di esternare e generalizzare il comportamento, *l'ethos* di una classe che per la prima volta nella storia delle civiltà e dell'umanità, tendeva a porsi come classe totale e generale. L'umanesimo borghese si rende pubblico superando il mecenatismo nobiliare e i privilegi delle corti rinascimentali e, prima ancora, dei sistemi feudatari e delle monarchie europee.

Un *ethos* pubblico e un *ethos* privato (la famiglia, il salotto, la vita domestica). W. Meister, non a caso, si poneva in maniera dilemmatica fra vita pubblica (vuole fare teatro, dare di sé una espressione pubblica), e la sfera private: l'operosità del capitano di industria, il benessere domestico, e la coerenza borghese-imprenditoriale, rappresentate emblematicamente da Werner, cognato di Wilhelm(27). Uno stile di vita sobrio, secondo il *mood* protestante, scevro da ogni forma di pericolosa passionalità, esibizionistica e eccessi affettivi, che invece caratterizzavano il suo alter ego: quel Werther, che almeno in questo senso può considerare il capovolgimento, l'inversione di Wilhelm; uno stile di vita lontano da quell'estetismo che caratterizzerà parte della produzione del novecento europeo.

Il romanzo di formazione e letteratura immaginifica in Italia

È di parere comune che in Italia, dopo il 1860, mancasse una borghesia compiutamente formata, illuminata e progressiva, e che di conseguenza, mancassero anche le condizioni per la costruzione di una opinione pubblica nazionalmente caratterizzata, come invece si era, da tempo, consolidata in Francia ed Inghilterra, e come si andava affermando anche in Germania, dove risultava essere ancora relativamente, e per alcuni aspetti, arretrata. Il privato, la sfera domestica in Italia pareva diventare, guicciardinemente il *particulare,* l'intimità della sfera domestica una 'avvisaglia' di "familismo amorale" *ante litteram.* Sembrava mancare, in altre parole, un'etica borghese unitariamente condivisa; e la domanda sociologicamente rilevante da porsi sarebbe stata quella se veniva meno un'etica pubblica condivisa perché mancava una borghesia unitaria, o mancava quest'ultima perché non c'era un'etica, o anche. magari in subordine, una ideologia omogenea e unificante. Una sfera realmente pubblica capace di connettere e cementare le varie elités sparse su un territorio che fino a pochi anni prima veniva considerato proverbialmente, appena una espressione geografica.

Anche da un punto di vista intellettuale le suddette elités erano, d'altro canto, divise su due fronti, da un lato l'idealismo di marca desanctisiana, diverso dall'idealismo di stampo hegeliano, che tanto aveva improntato di sé il Romanzo di Formazione nell'area germanica. D'altro lato, era presente un influsso di tipo epistemologico legato al positivismo e a un certo tipo di organicismo scientista, tendenti, entrambi, a sociologizzare, catalogare, oggettivizzare la totalità dell'esperienza umana, sociale e individuale e che di fatto estrometteva, bollandolo di metafisico e romanticizzazione, tutta quella parte dell'esperire che non era possibile far rientrare negli schemi, nelle classificazioni, nei protocolli e nelle metodiche della validazione pseudo scientifica. Fu questa complessiva *humus* culturale che, probabilmente, rese incomprensibile l'avventura letteraria, e pedagogico-formativa, in particolare, che si era svolta e si andava svolgendo in Europa. Tanto che esperienze significative ed importanti quali quelle di Svevo e, *mutatis mutandi,* di Pirandello, non vennero comprese fino in fondo, e non ebbero, soprattutto il primo, il giusto rilievo che sarebbe invece toccato loro. Il tentativo di sprovincializzazione messo in atto da Svevo, al di là di sospetti esterofili, risultava culturalmente, e geograficamente, vicino all'esperienza mitteleuropea e alle vicende della *Felix Austriae,* che influenzò, soprattutto in termini di pratica autobiografica e introspettiva, l'opera dello scrittore triestino(28), vicino intellettualmente ma anche umanamente ad un altro grande "periferico": J.Joyce, sperimentatore ed innovatore nell'ambito dello stile e del genere, anche rispetto all'esperienza Inglese, che non era certo da considerarsi, come abbiamo visto, affetta da provincialismo o arretratezza espressiva.

Probabilmente il metodo storico-positivo doveva considerare il Romanzo di Formazione in genere, e in particolare quello di area tedesca, un prodotto più o meno diretto, del Romanticismo e della filosofia hegeliana, non considerando invece la poliedricità del genere, e la sua derivazione illuministica, preferendo così optare, in campo educativo e formativo, per una prassi di marca strettamente scientifico-pedagogica, di tipo didattico e prescrittivo e, in seconda istanza, influenzato anche da quello che fu il positivismo.

Sicuramente *Cuore* fu il prodotto emblematico di questo clima generale, unito, ovviamente, all'interesse pratico di realizzare un testo capace di suscitare attenzione, emozione, sentimento patriottico e risorgimentale, tenendo ben presente il compito primo di unificare linguisticamente e culturalmente le varie culture regionali e periferiche. Per questo il libro non fu, e non è, di interesse secondario, sia sotto il profilo pedagogico e formativo, sia sotto il profilo storico-sociale e culturale, oltre a rivestire, proprio per questo suo sincretismo di obiettivi e significati, un rilevante interesse in termini di originalità letteraria. Tanto è che nella sua scia si inseriscono, sicuramente, altre opere tipo *Giannettino* dell'abate Stoppani e "i memorialisti che continuarono la tradizione vivissima della testimonianza risorgimentale"(29)· e ancora, e non da ultimo, il cosiddetto libro per giovinetti di R Mantegazza e altri ancora.

Un discorso a parte meriterebbe poi *il Pinocchio,* un'opera –come abbiamo visto- attualissima per la sua molteplicità ed implicazioni interpretative e la sua intrinseca polisemicità.

L'accesso di razionalismo, gli influssi dello scientismo positivista e dall'accumulazione della tecnica generarono i mostri, come i sogni della ragione, dando così la stura a quella che potrebbe essere definita come una nuova metafisica razionalistica. L'automa, il manichino meccanico, il perturbante, il mostro, l'alieno furono i protagonisti di una vulgata che coinvolse a vari livelli le varie forme letterarie ed espressive un po' in tutta Europa e nel nuovo continente; i prodotti di un immaginario romantico che trovò, paradossalmente, una sua soluzione nella prospettiva meccanicistica e razionalistica'. Dal *"Frankstein"di* Shelley, al dottor Jeckill, tutta la stirpe dei vampiri da Le Fanu e Stocker, poi Hoffman, A. Dumas, Meyrink e, per certi aspetti, Poe e Lovecraft e altri autori, come, ad esempio, Merimée, Kipling, W. Scott che, pur essendo noti per opere di altro genere vollero cimentarsi, e con risultati buoni, nel gotico e nel fantastico più o meno orrorifero. Una traiettoria che dal romantico gotico settecentesco porta all'odierno fantastico e fantascientifico e che ebbe un certo impatto nello scenario della letteratura europea, in principio quella inglese. Un fenomeno articolato e complesso, anche in molti casi di alta letteratura, e che sarebbe incomprensibile se non messo in relazione al mutamento e al travolgente sviluppo della rivoluzione industriale e del suo indotto tecnologico(30) e del suo successivo sbocco nella virtualità e nella fiction multimediale .

L'Italia fu marginalmente coinvolta da questo genere, nel quale si cimentarono i maniera non sistematica e rifacendosi peraltro ad aspetti della tradizione arcaica e contadina, risalente ad antiche forme di ritualità italiche, autori come Pirandello (mi riferisco alla novella *Il male di luna)* e altri. Si potrebbe ipotizzare che proprio perché marginale rispetto ai processi di industrializzazione, questa dinamica letteraria europea trovasse in Italia scrittura, forma letteraria ed espressiva nella letteratura favolistica, che, tra l'altro, coglieva al meglio certi aspetti delle realtà locali e de! folclore. Realtà periferiche e marginali, ma che dovevano essere in qualche modo "scoperte" e codificate per entrare a far parte di quello che sarebbe diventato in seguito il patrimonio culturale nazionale; cogliendo, al contempo, sentimenti e psicologie recondite, legate a miti e riti arcaici, ma comunque patrimonio collettivo di quelle popolazioni e realtà locali che si andavano ad unificare dalla Lombardia alla Calabria, dal Piemonte alla Campania.

La narrativa favolistica poi, con ogni probabilità poteva anche costituire il *medium* ideale per "educare" gli italiani, poteva costituire un buon strumento "didattico" per contrastare l'analfabetismo:

"in un paese fondamentalmente povero.. .occorreva educarli (gli italiani).. .alla morale del sacrificio e dell'obbedienza... approntando, come è stato scritto, un prontuario delle morali dominanti, delle virtù borghesi, da rispettare e dei miti patriottici"(31).

Insomma non che la tradizione alquanto feconda della favolistica in Italia possa aver avuto una qualche funzione vicaria o sostitutiva di altri generi ed espressioni creative e letterarie che si andavano affermando o si erano già affermate in Europa, ma sicuramente essa costituì un interessante esperienza originale sotto molti punti di vista, anche, se nel resto dell'Europa,questo genere era alquanto diffuso ed aveva alle sue spalle una sua certa tradizione. Una delle regioni di questa sua originalità, oltre quelle già dette e quella di una indubbia qualità di livello letterario, fu il fatto che in essa si fusero anche interessi scientifici di tipo mitologico e socio-etnoantropologico, che ebbero, a loro volta, una notevole rilevanza sui piano della evoluzione ed affermazione di queste discipline in Italia sul terreno di un affrancamento, diciamo epistemologico, sia dal positivismo sia dall'idealismo imperanti; andando anche a costituire, poi, una preziosa testimonianza nel dopoguerra, dopo che il ventennio fascista, in nome della retorica nazionalista, ebbe cancellato, o meglio, scotomizzato, queste stesse testimonianze e le realtà marginali ad esse sottese.

Le possibilità per una letteratura della formazione in Italia

Insomma le vicende della nostra borghesia ebbero poco a che vedere con l'ascesi intramondana o con l'accumulazione primaria del capitale: il suo raggio d'azione era circoscritto a una possibilità di egemonia/dominio in quelle regioni e a quei strati sociali che poco si riconoscevano in una identità nazionale. Più che un sistema assiologico universalizzabile si era alla ricerca di elementi culturali in grado di accumunare realtà diverse, elementi sparsi e multiformi, destinati a rimanere misconosciuti o a restare nell'ambito di un folclore di maniera, e la produzione letteraria di quegli anni sembrava, con delle eccezioni, rendersi funzionale a questa esigenza che non era solo di aggregazione ed elaborazione, ma anche di identificazione nazionale. Tutto questo mentre il Romanzo di Formazione europeo, come abbiamo detto, era ormai in fase declinante, o quantomeno volgeva verso forme e generi che, per comodità discorsiva, abbiamo definito "postume" o "epigone"; quelle forme cioè che, pur conservando e utilizzando figure tipiche e protagoniste, *Topoi*, percorsi e luoghi iniziatici del *Bildungsroman*, ne ribaltavano però la sostanza, dando alla trama degli sviluppi che potremmo definire "in negativo".

In Europa le realtà sociali, usando una felice espressione di Zigmunt Baumann, si andavano liquefacendo: quei valori, che avevano costituito il repertorio tradizionale della borghesia in ascesa, perdevano la loro effettualità relativizzandosi, le identità, fattesi più mobili e meno determinate, rendevano incerti gli ancoraggi, gli itinerari, le biografie, i percorsi consueti e abituali. Contestualmente il progetto educativo, la sua intenzionalità e la sua funzionalità doveva fare i conti da un lato con la massificazione e dall'altro con i registri latenti e solipsistici di nuove esasperate forme di soggettività, il sistema dialettico hegeliano, inteso come metodo di rappresentazione sintetica di governo politico-ideologico-normativo del rapporto sociale borghese entrò in crisi dando luogo a una serie di interpretazioni, di epistemologie e di teorie una cesura storica nel campo del pensiero, degli assetti societari, dei linguaggi e degli statuti artistico estetici che si manifestò, questi ultimi, con il venire alla ribalta avanguardie delle forme artistiche riproducibili. Da Nietzsche, a Wittgenstein, dal dissolvimento delle forme di Simmel e dell'uomo come insieme coerente di Freud, al declino delle forme tonali di Schoemberg e Webern, allo "sperdimento" del soggetto in Musil, Kafka e le propaggini espressionistiche di A. Doeblin e S. Zweig ecc.(32). Credo sia attribuibile alla Scuola di Francoforte, nella seconda metà degli anni venti, l'elaborazione di un insieme teorico capace, non solo di dare sviluppo progettuale per il superamento critico di una società massificata e tecnologizzata e le sue degenerazioni totalitarie, ma anche di conferire 'chiarificazione' storica a tutti questi fermenti che fino agli anni trenta scossero le stesse fondamenta ontologiche dell'uomo della *Zivilisation* europea. Lo fece trovando nell'Illuminismo, da un lato nell'hegelo-marxismo dall'altro, le radici interpretative e gli stimoli intellettuali-culturali, senza tralasciare quegli insegnamenti e suggestioni derivate da un serrato confronto con altri pensatori, quali Nietzsche e Freud, ma anche Schopenhauer, Kierkegaard e Simmel,

Lukàcs, d'altra parte, insisterà molto su questo argomento visto come, in termini più generali, decadenza del Romanzo, (e, nel nostro caso per estensione, del Romanzo di Formazione); che è anche poi crisi della configurazione del soggetto; e, di conseguenza, risulta inevitabile una invalidazione del relativo progetto educativo; mentre ogni intenzionalità formativa o la certezza dei percorsi della socializzazione e della identificazione vengono meno. Non mi pare che per Toerless, o per Castorp, Kroeger, Ulhrich, o F. Biberkopf sia formulabile un progetto educativo in positivo; le loro sono narrazioni di destini, di biografie peraltro inquiete e normative solo in termini vaghi, o a volte addirittura da ribaltare rispetto a una negatività quasi a-normativa. Ogni prescrittività si opacizza per fare posto a una narrazione senza *Telos,* a una idiografìa che è quasi autocoscienza, si pensi al modello narrativo appunto come "flusso di coscienza" di Joyce e Proust.

Di tutto ciò in Italia si ha una conoscenza molto limitata, a parte interessanti esperienze di avanguardie nostrane, solo il pensiero nietzscheano ha una qualche eco, soprattutto in forma di vulgata, attraverso una riedizione, o forse sarebbe meglio dire trasfigurazione al limite del grottesco, del "superominismo" dannunziano(33). Un Nietzsche già deformato in partenza dalle scorribande interpretativo-filologiche, che la sorella del filosofo e filologo di Lipsia, andava eseguendo su i suoi testi, per un uso nazionalistico, antisemita e infine nazista, e divulgate poi in Italia in maniera velleitaria, riduttivistica e vitalistica, a fare da *pèndant* al *nazionalismo* crispino-fiumano e a certo fascismo anarcoide. Da un altro versante della cultura post-risorgimentale, al riduttivismo positivistico e scientista, faceva da contraltare, oltre all'idealismo (anche quello coniugato in termini attualistici), questo magma avanguardistico, o presunto tale, di impronta decadente e irrazionalistico, che si protrarrà per quasi tutto il ventennio fra le due guerre; mentre, sempre rimanendo in ambito filosofico e culturale, è solo negli ambienti accademici che andarono prendendo piede altre espressioni filosofiche: il neo-tomismo, la nuova scolastica, la fenomenologia declinata in termini più o meno marxisti del giovane Banfì, e pochi altri. Bisognerà attendere l'immediato dopoguerra perché questi frammenti germinali trovino una loro sistemazione e un loro ricnoscimento, insieme alla "scoperta" del pensiero gramsciano.

Quale fosse il livello di conoscenza e di diffusione pubblica in Italia di opere come *L'uomo senza qualità, La montagna incantata, Il gioco delle perle di vetro, I turbamenti del giovane Toerless, Tonio Kroeger* e molti altri, non mi è dato sapere; c'è comunque da ritenere che, a cavallo della Grande Guerra, con l'analfabetismo ancora da vincere, una editoria provinciale e sostanzialmente autarchica, le condizioni di estrema povertà nelle campagne ma anche nelle città, la lettura di queste opere non fosse molto diffusa, se non in ristrettissimi ambienti. Successivamente, con il fascismo, questa letteratura, che peraltro già nella mitteleuropea, sconvolta da una spaventosa crisi economica, e nazistificata dopo, era considerata arte "degenerata", non avrà una grande diffusione di pubblico. Del resto pare che lo stesso Pirandello, vincitore di un Nobel, fosse più popolare per le sue opere teatrali, che, contando su un impatto visivo nei palcoscenici anche delle piccole città, erano più conosciute delle opere scritte.

Bisognerà aspettare il dopoguerra e il dopoguerra inoltrato per un Pratolini, uno Stuparich, Moravia, Bassani, e Pavese; quest'ultimo svolse, in quel periodo, anche una intensa e meritoria opera di introduzione e divulgazione molti autori americani semisconosciuti in Italia con la Einaudi. A questi autori seguiranno poi Bufalino, Pasolini e altri più recenti.

Questa nuova generazione aveva vissuto l'esperienze fondamentali, quali la dittatura, la guerra, la Resistenza, il dopoguerra per non rimanere profondamente segnata. *L'intentio* dell'autore(34), in questi scrittori italiani sembra trasferirsi da una narrazione biografica individuale in positivo nel Romanzo di Formazione classico (e in negativo invece nella versione epigona'), a una narrazione più di tipo corale. Il protagonista, cioè, è inserito in un preciso contesto umano ma sopratutto storico e socio-politico: i cantieri edili fiorentini di inizio secolo, le fabbriche del nord, le vicende partigiane, oppure, come ne *Il giardino dei Finzi-Contini* dove è narrata l'educazione sentimentale del personaggio piccolo borghese messo a contatto con una certa aristocrazia ebrea e di provincia, e dove su tutto e tutti, incombe la minaccia delle leggi speciali fasciste e della deportazione. Ovviamente certi luoghi, personaggi e percorsi esistenziali ed iniziatici conservano dei tratti e delle valenze invarianti (35) rispetto al genere formativo europeo precedente, ma lo sono in termini generali. La giovinezza ad esempio: Metello, Johnny l'inglese, Tommasino ecc, si trovano ad essere narrati proprio nella fase della socializzazione secondaria, in quella fase cioè nella quale si entra definitivamente nel mondo adulto e si compiono scelte oltre che lavorative anche affettive, etiche, politiche ecc: dai rampolli della borghesia europea ai giovanotti piccolo borghesi o addirittura sottoproletari alle aree di neo urbanizzazione del mediterraneo.

Altri *Topoi,* la grande metropoli per esempio, le sue borgate o i borghetti della periferia romana rappresentato una sorta di *Gemeinbildungs* operaia e sottoproletaria, anche il sanatorio di Bufalino potrebbe ricordare il sanatorio di Davos di H. Castorp, la fabbrica e l'istituzione più o meno totalizzante possono rappresentare i luoghi deputati ed inziatici che abbiamo visto protagonisti del romanzo europeo. E potrebbero ancora essere, in qualche modo, comparabili e identificabili con le altre tipologie di luoghi deputati presenti in generi letterari diversi: non solo nel Romanzo di formazione, ma anche, ad esempio, nella narrazione fantastica e favolistica. Ma, al di là di comparazioni e generalizzazioni un po' apodittiche c'è da dire che almeno nell'Italia del dopoguerra i protagonisti, i loro vissuti, la classe sociale di appartenenza variano, rispetto all'esperienza d'oltralpe, in maniera significativa. Ovviamente non ci troviamo più di fronte a giovani appartenenti alla media e alta borghesia d'oltre confini, non sono le generazioni del Grand Tour che prima e dopo Napoleone viaggiavano l'Italia alla ricerca di bellezza, mediterraneità e piacevoli avventure. Nel romanzo della nostra seconda metà del novecento si narra di piccoli borghesi, di proletari e sottoproletari, operai e partigiani. La fabbrica, il cantiere, la borgata, il sanatorio sono i luoghi dove si compiva la formazione e si realizza il 'passaggio' alla maturazione-individuazione del soggetto. Un passaggio da una condizione indistinta, di non consapevolezza sociale e politica, a una condizione di presa di coscienza, di denuncia e di riscatto civile. Come per esempio avviene in Tommaso Puzzilli protagonista del romanzo *Una vita violenta* che vedrà nella tappa finale, insieme alla metamorfosi e al riscatto del protagonista, un esito drammatico per lo stesso. Come se il raggiungimento della consapevolezza possa coincidere solamente con il riscatto di una vita e l'estremo sacrificio di quella vitalità primordiale che è caratteristica dei personaggi pasoliniani(36). Un esito comune a molti di questi personaggi, similmente a non poche trame del Romanzo del novecento europeo e diversamente, invece, alla tappa finale del Romanzo di Formazione ortodosso, che si concludeva con una sintesi omologante di un percorso che confermava il disciplinamento, l'integrazione sociale e la conferma dell'appartenenza di classe del protagonista, che diventava così, come abbiamo detto, hegelianamente. un "filisteo" come altri.

Infine, i protagonisti e le figure del *Bildungsroman* novecentesco, come abbiamo detto, manifestano in diverse circostanze e con differenti modalità il lo essere degli "impolitici", sostanzialmente estranei ed esonerati dalle grande vicende storiche, come se vivessero appartati dagli eventi del mondo. I protagonisti italiani, invece, da Lorenzo Tramaglino a Useppe de *La Storia* della Morante, restano, in un modo o nell'altro invischiati nella Storia, intenzionalmente o meno sono chiamati a delle scelte civili e politiche, anche solo subendone passivamente le conseguenze. Di Toerless e Castorp sappiamo che parteciperanno alla guerra e forse vi troveranno anche la morte, il loro destino *è* segnato e l'orizzonte circoscritto. Il sottoproletario berlinese E Biberkopf di *Berlin Alexancler*platz incapace di azione coerente e di un proprio progetto esistenziale, finisce con l'aderire ai gruppi nazionalistici e nazistoidi della repubblica weimariana, ma sarà una non scelta dettata dagli eventi e dalle necessità di sopravvivenza. Un po' come Oskar, il tamburino di Danzica, che si rifiuta ostinatamente di crescere e finirà come attrazione circense negli spettacoli delle retrovie delle truppe tedesche nell'ultima guerra (comunque sulla accezione "formativa" de *Il tamburo di latta* di G. Grass, occorrerebbe un discorso a parte). Viceversa il "protagonismo" sociale, politico e civile dei personaggi e protagonisti del romanzo italiano del dopoguerra, probabilmente potrebbe essere collocato nel solco della tradizione verista per certi aspetti della produzione letteraria post risorgimentale, per altri. Anche nel dopoguerra, come negli ultimi decenni dell'800, probabilmente, ci fu molto da ricostruire e unificare non solo sul piano economico e materiale, ma soprattutto su un piano morale e civile e il raggiungimento di una maturità veniva a coincidere con la consapevolezza civile e della propria appartenenza sociale.

Questo potrebbe costituire una peculiarità per quanto concerne l' esperienza letteraria-formativa in Italia, almeno in quel periodo che va dall'immediato dopoguerra alla svolta del millennio. Una formazione dove il progetto individuale si fonde, anzi, coincide con un progetto educativo-formativo collettivo di stampo, cioè, nazionale o di classe sociale. Cioè una pedagogia non più diretta all'individuo chiamato a inserirsi 'naturalmente' e funzionalmente nell'ingranaggio sociale del sistema capitalistico; ma all'individuo in quanto soggetto di mutamento sociale, politico e collettivo. Una sorta di intellettuale organico, che però non realizza sé stesso omologandosi acriticamente a quelle che sono le istanze della classe d'appartenenza, ma un soggetto,vigile che individua il progetto formativo nel riscatto e promozione di sé, non disgiuntamente – come dicevamo- dalle condizioni di appartenenza sociale. Con il 'precipitare' del processo di globalizzazione e con l'avvento di una tecnologia elaborata, diffusa ed iperseriale, e, successivamente, con la crisi degli anni dieci del duemila, le cose sono profondamente mutate e resta difficile individuare.

"Il passaggio alla post-modernità, a una dimensione in cui il soggetto moderno si mostra insoddisfatto di sé e, pur disarticolando le proprie forme di potere verticalizzate e centralizzate, non riesce ad uscire da sè stesso e non ha potuto conservare l'idea di un'aspirazione a valori universali e ogni 'disciplina' umana ha dovuto riconoscere una pluralità di'discorsi' e quindi anche di etiche, spesso tra loro in conflitto"(37).

Pertanto in questa contingenza storico-sociale è anche pensabile una pluralità di progetti educativo-formativi, che vanno profilandosi, ma sui quali è ancora difficile trovare una sistemazione che ne renda possibile la riferibilità letteraria; le esperienze e i tentativi sono molteplici, soprattutto con l'avvento di nuove strategie e nuove tecnologie visuali di fiction e narratività post-libro e forse anche post-letteraria, il che rende doverosa un poliedricità riflessiva, interdisciplinare. Si potrebbe parlare a tal proposito, sbrigativamente e ingenuamente, di un post-Romanzo di Formazione; una nuova formula narrativa e letteraria che però non sarà di livello o di grado superiore il livello di riflessività raggiunto nella contemporaneità, espressa, appunto, anche nel Romanzo contemporaneo, che ha segnato il maggior grado di divaricazione dell'opera d'arte rispetto quella mimesi natural-sacrale-mitica che, con la Tragedia (e l'Epica),contrassegnò l'inizio del percorso letterario ed educativo. Infatti se prima il confronto mimetico, in letteratura, era con il materiale mitico-rituale, con il Romanzo moderno la tensione mimetica si rivolge, principalmente, alla sfera sociale, dando vita a una narrazione che guarda ai 'fatti',ai rapporti sociali e interpersonali, ai flussi di coscienza e non più alle vicende inerenti direttamente o indirettamente il mito e il suo culto.Più di recente con lo sfaldarsi, il venir meno, il 'liquefarsi' e frammentarsi dei confini, delle forme sociali e politiche della post-modernità, anche questo riferirsi mimetico ai rapporti, alle relazioni e ai fatti sociali sta diventando alquanto problematico, generando (almeno in occidente), tendenzialmente, una lacerante scissione della dimensione estetica dei sentimenti e delle emozioni rispetto la sfera della razionalità e dell'intenzione etico-morale(38).

N O T E

1) Cfr. A. Censi," *La costruzione sociale dell'infanzia"*, F. Angeli, Milano 1996.

2)   F. Moretti, *"Il romanzo di Formazione"*, Garzanti, Milano 1986, p. 9.

3) A. Censi, cit. p. 13.

4) Cfr, la Voce *Romanzo,* in AA.Vv., *Enciclopedia tematica della Letteratura,* 2 voll., Garzanti, Milano 2005, p. 905. La tematica del 'Viaggio' è ricorrente nel Romanzo di Formazione di sette-ottocento: completava il patrimonio educativo del giovane borghese attraverso una conoscenza diretta del mondo sensibile "e appropriazione dell'individualità spaziale dei luoghi…Un metodo per impadronirsi del mondo attraverso una disciplina che genera la conoscenza di sé". (A. Abruzzese, *"Lessico della Comunicazione"*, Meltemi. Roma 2003, p.602. In quello che potremo considerare la seconda stagione del Romanzo di Formazione, il tema del viaggio continua ad essere importante, ma assume caratteristiche diverse: il giovane "si separa da qualcosa per andare alla ricerca di risposte e significati fuori il proprio ambiente…Si pone fuori e si trova…quindi…in una particolare situazione interiore: è disposto ad accogliere, a lasciarsi trasportare da situazioni nuove". (A.M. Fabiano, *"L'esperienza di Giovanni Castorp nella Montagna incantata di Thomas Mann"*, in "Studi di Storia dell'Educazione", Armando. Roma, Rivista trimestrale nn. 2 e 3, a. 1986, p.103). Successivamente la pratica del viaggio, pur rimanendo centrale si fa ancor più sfumata e problematica. I confini fra 'esterno' ed 'interno' sono incerti ed opachi; è un viaggiare più simile al vagabondare, attraversamento di luoghi e spazi più simili ai 'non-luoghi delle aree metropolitane; anziché un appropriarsi spaziale, il sentimento del viaggiatore è di sperdimento e malinconia, un attraversare perimetri sempre meno circostanziati e definiti (Cfr M. Cacciari, *"Il produttore malinconico"*, saggio introduttivo a W. Benjamin, *"L'opera d'arte nell'epoca della sua riproduciblità tecnica"*, Einaudi, nuova edizione, Torino 2011). Alla vitalità appropriatrice, si era sostituito l'interrogarsi disincantato dell'"uomo della folla" e del flaneur, che prelude all'approssimarsi del soggetto abitante le sconfinate metropoli dagli spazi omologati e serializzati del post-moderno, in un vortice di stimoli ed esperienze, ma anche in una nostalgia del limite e del confine, che la possibilità d'esplorazione conferita dall'espandersi dell'"oltre città", non riesce a dissipare.

5) Cfr. la Voce "Romanzo" in AaVv *"Enciclopedia tematica della Letteratura"*, " voll., Milano 2005, p. 905.

6)   M. Vozza, Introduzione a G. Simmel, *Filosofia dell'amore,* Donzelli, Roma 2001, p. XX.

7) C. Pennacchi, *"I signficati del visibile"*, Saggio introduttivo a G. Simmel, *"Il volto e il ritratto"*, Il Mulino, Bologna 1985, p. 13.

8) P. Jedlowski, Introduzione a G. Simmel, *La metropoli e La vita dello spirito,*

Armando, Roma 2001, p. 22.

9)   Cfr. F. RavaglioliI," *Sulle stagioni del Romanzo pedagogico"*, in "Studi di Storia dell'Educazione*"*, n. *1, a. 1982*. Inoltre*: S.* ALosco, *Crisi esistenziale ed alienazione borghese nel Werther di Goethe, ivi;* M.A. Ferrari, *"Ancora una Provincia Pedegogica", ivi.* Successivamente: G. Chitarrini, *"'Berlin ALexanderplatz' una lettura pedagogica", ivi, a.* 1985, *n2;* G. Chitarrini, *"Musil una "lezione pedagogica "fra letteratura e scienza", ivi,* a. 1985, n. *3; G.* Chitarrini, *"La Pedagogia terapeutica di I. Svevo", ivi,* a. 1986 n. 4; A.M. Fabiano,*"L'esperienza pedagogica di G. Castorp ne "La Montagna Incantata", ivi, a.*1986, nn. 2 e 3.

10)   Cfr. D. Massa (a cura di), *"La clinica della formazione",* F. Angeli, Milano 2004, p. 140.

11)   Riguardo il tema dei "non luoghi", è d'obbligo confrontare, sul piano antropologico M. Augè, *"I non lughi",* Eleutheria, Milano 1993. Va comunque precisato che a nostro parere il flaneur non viva gli spazi metropolitani solo come 'non luoghi', ma anche, e soprattutto, come 'luoghi' densamente relazionali e interattivi; anzi ciò che secondo G. Simmel caratterizza questa figura è proprio la sua rilevante sensibilità agli stimoli e alle interazioni che una città e una metropoli è capace di offrire.

12)   Sulla tipologia simmeliana del "blasé" in rapporto agli spazi urbani, si può confrontare G.F. Elia," *La sociologia urbana",* Hoepli, Milano 1971, pp. 447-458. Esempi calzanti di queste tipologie socio-antropologiche in letteratura, mi sembrano essere, rimanendo in ambito mitteleuropeo," *Il dottor Graessel"* e *"Anatol",* entrambi di A. Schniztler.

13)   E' risaputo che la letteratura spesso ci offre esempi, analisi e descrizioni precisi e attinenti ancor più di un *report* sociologico: «…mi fermai bruscamente di fronte a lui e lo fissai in volto. Ma egli non mi notò *e* riprese ad andare; allora cercai di seguirlo re rimasi assorto in una stupita contemplazione...». Cfr. E.A. Poe, *L'uomo della folla,* in *Racconti straordinari,* Sansoni, Firenze 1965, citato in G.P. Nuvolari, *Popolazione in movimento, città in trasformazione,* il Mulino, Bologna 2002, p. 156.

14)   A.M. Sobrero, *Antropologia della città,* La Nuova Italia, Roma 1992, p. 148.

15)   Mi sembra efficace, a tal proposito, citare le pagine evocative di R. Callois, scritte riferendosi a Parigi, ma estensibili anche ad altre metropoli e capitali europee. Cfr. R. Callois, *Il mito e l'uomo,* Bollati Boringhieri, Torino 1998, pp. 89101.

16)   F. Moretti, cit, p. 9.

17)   J. Schumpeter, *Capitalismo, socialismo e democrazia,* Etas libri, Milano 1973, p. 123.

18)   F. Moretti, op.cit., p 25

19)   P.P. Pasolini,*"Passione* ed *ideologia,* Garzanti, Milano 1960, p. 27·1.

20)   F. Moretti, op. cit, p. 23.

21)   Cfr. R. Callois, cit, pp. 92 e sgg.

22) Cfr. R. Runcini, *"La paura e l'immaginario sociale nella Letteratura. Il Gothic Romance".* Liguori edit. Napoli 1995, pp. 211 e 234.

23) Sulla tematica degli "umili" manzoniani, si può confrontare tra gli altri A. Gramsci, *"Letteratura e Vitti nazionale",* Einaudi, Torino 1954, pp. 72-77.

24) Cfr. N. Sapegno, *Ritratto di Manzoni ed altri saggi.* Laterza, Bari 1961, pp. 58-62.

25) Cfr. B. Crateri, *Vita da nobili illuminati,* in «La Repubblica», 12 agosto 2005.

26) A. Gramsci citazione in R. Paternostro, *A. Gramsci, critica letteraria e linguistica,* Lithos, Roma 1998, paragrafo *Gli italiani e il Romanzo, p.* 41. In ogni caso la questione dell'arretratezza del nostro capitalismo è argomento noto» usato ed abusato, ovviamente non solamente in campo storico e critico letterario. Altri studiosi in altri campi, da quello dei costumi, a quello socio-economico, etno-antropologico, politologico ecc. hanno affrontato dai loro punti di vista questo argomento. Per esempio, un attento analizzatore della nostra realtà» da una angolazione sociologica: E Ferrarotti, ha più volte e in più occasioni parlato di un sistema capitalistico familistico, arretrato e pre-industriale. Sul piano letterario e filosofico questa arretratezza si traduceva, come abbiamo già accennato, a quel magmatico movimento fatto di irrazionalismo, provincialismo, eccesso ideologico, retorico e antidemocraticismo. Un flusso di idee e pensieri che circolavano in una moltitudine di pubblicazioni, giornali, opuscoli e riviste, quali» ad esempio «Lacerba», «Leonardo», «Regno»: un movimento ideologico fatto di estetismo, retorica pensiero futuribile e conservatore, per non dire poi reazionario e revanscista, che, direttamente o indirettamente, contribuì, a suo modo, all'affermarsi del fascismo. (Cfr. N. Bobbio, *Dal fascismo alla democrazia,* Baldini&Castoldi, Milano 1997, pp. 12-14 ss.).

27) Dilungarsi oltre sulla tematica borghesia capitalistica e nascita della opinione pubblica in questa sede significherebbe addentrarsi in una tematica complessa e difficoltosa da affrontare,andando vistosamente fuori tema. 6 d'obbligo, pertanto rimandare *all'ormai classico saggio di* J. Habermas, *Storia e critica dell'opinione pubblica,* Laterza, *Bari 1977»* in particolare al paragrafo *LaJìne del carattere pubblico rappresentativo illustrato dal Wilhelm Meister,* da p. 23 a p. 40.

28) Fra i tanti autori e critici che si sono occupati di I. Svevo vorrei citare B. Mayer, *Svevo e la vocazione esistenziale,* in P. De Stefano, *L'ideologia critica nella letteratura italiana,* Loffredo, Napoli 1985, pp. 297 e 398.

29) *R.* Paternostro, *Motivazioni ideologico-culturali del Verismo di Capuana,* Saggio critico-introduttivo a L.   Capuana, *Il Raccontafiabe, ovvero fiabe, novelle raccontini e altri scritti per fanciulli,* Aracnè, Roma 2003, p. 31.

30) Cfr. R. Runcini, *op. cit.,* cap. XI, pp. 211-245.

31) R. Paternostro, op.cit. p. 31.

32) Sulle tematiche della "crisi" del Novecento, vorrei ricordare, fra, i molti studio che sse ne sono occupati, M. Cacciari, *Pensiero negativo e razionalizzazione,* Marsilio, Venezia 1977; Ib., *Krisis,* Feltrinelli, Milano 1979; e Ib., *Dallo Steinhof,* Adelphi, Milano 1980.

33) Cfr. C. Salinari, *Miti e coscienza del decadentismo italiano*, Feltrinelli, Milano 1960.

34) Riguardo la tematica *dell'intentio auctoris*, cfr. U. Volli, *Manuale di semiotica*, Laterza, Roma-Bari 2003, pp. 154 e sgg.

35) Cfr. Ivi, da p. 93 ap. 111.

36) Esemplificativo, ma non esaustivo, rappresentante di questo *ethos* "pedagogico" di certa intellighenzia italiana, potrebbe essere il "caso" Pasolini, del quale, proprio in questa veste di educatore ne dà un ottimo ritratto Golino in un volume del 1982. Cfr. E. Golino, *Pasolini il sogno di una cosa*, Bompiani, Milano 1992.

37) A. Abruzzese, *"Lessico della Comunicazione"*, Meltemi, Roma 2003, p. 193.

38) F. Desideri, *"Il fantasma dell'opera. Benjamin, Adorno e le aporie dell'arte contemporanea"*, Il Melangolo, Genova 2002, p. 7.

BIBLIOGRAFIA

1)   A. Abruzzese, *"Lessico della Comunicazione"*, Meltemi, Roma 2003.

2)   S. Alosco, *"Crisi esistenziale e alienazione borghese nel Werther di W. Goethe"*, in "Studi di Storia dell'Educazione", n. 1/1982.

3)   M. Augé, *"I non luoghi"*, Eleutheria, Milano 1993.

4)   M. Cacciari, *"Pensiero negativo e razionalizzazione"*, Marsilio, Venezia 1977.

5)   M. Cacciari, *"Krisis"*, Feltrinelli, Milano 1979.

6)   M. Cacciari, *"Dallo Steinhof"*, Adelphi, Milano 1980.

7)   R. Callois, *"Il mito e l'uomo"*, Bollate Boringhieri, Torino 1998.

8)   A. Censi. *"La costruzione sociale dell'infanzia"*, Franco Angeli, Milano 1996.

9)   G. Chitarrini, *" 'BerlinAlexanderPlatz', una lettura pedagogica"*, in "Studi di Storia dell'Educazione", Armando, Roma n. 1/1985.

10) G. Chitarrini, *"R. Musil. Una 'lezione pedagogica' fra letteratura e scienza"*, ivi, n. 3/1985.

11) G. Chitarrini, *"La pedagogia terapeutica di Svevo"*, ivi n. 4/1986.

12) B. Crateri, *"Vita da nobili illuminati"*, in *"La Repubblica"*, quotidiano del 12/VIII/2005.

13) F. Desideri, *"Il fantasma dell'opera. Benjamin, Adorno e le aporie dell'arte contemporanea"*, Il Melangolo, Genova 2002.

14) G.F. Elia, *"La sociologia urbana"*, Hoepli, Milano 1971.

15) A.M. Fabiano, *"L'esperienza pedagogica di H. Castorp in 'La montagna incantata'"*, in "Studi di storia dell'educazione", nn. 2-3/1986.

16) A. M. Ferrari, *"Ancora una Provincia Pedagogica"*, ivi n. 1/1982.

17) E. Golino, *"Pasolini, il sogno di una cosa"*,Bompiani, Milano 1992.

18) W. Goethe, *"La Provincia Pedagogica"*, a cura di A. Negri, Armando, Roma 1974

19) A. Gramsci, *"Letteratura e vita nazionale"*, Einaudi, Torino 1954.

20) J. Habermas, *"Storia e critica* dell'opinione *pubblica"*, Laterza. Bari 1977.

21) P. Jedlowski, introduzione a G. Simmel, *"La metropoli e la vita dello spirito""*, Armando, Roma 2001.

22) B. Maier, *"Svevo e la vocazione esistenziale"*, in P. De Stefano, *"L'ideologia critica nella letteratura italiana"*, Loffredo, Napoli 1985.

23) D. Massa (a cura), *"La clinica della formazione"*, F. Angeli, Milano 2004.

24) F. Moretti, *"Il Romanzo di Formazione"*, Garzanti, Milano 1986.

25) N.G. Nuvolari, *"Popolazione in movimento, città in trasformazione"*, Il Mulino, Bologna 2002.

26) P.P. Pasolini, *"Passione ed ideologia"*, Garzanti Milano 1960.

27) P.P. Pasolini, *"Una vita violenta"*, introduzione di A. Moravia, Garzanti, Milano 1975.

28) P.P. Pasolini, *"Ragazzi di vita"*, introduzione di A. Moravia, Garzanti, Milano1975.

29) R. Paternostro, *"Motivazioni ideologico-culturali del verismo di Capuana"*, Saggio introduttivo a L. Capuana, *"Il Raccontafiabe, ovvero fiabe, novelle, raccontini e altri scritti per fanciulli"*, Aracnè, Roma 2003.

30) R. Paternostro, *"A. Gramsci, critica letteraria e linguistica"*, Lithos, Roma 1998.

31) C. Pennacchi, *"I significati del visibile"*, Saggio introduttivo a G. Simmel, *"Il volto e il ritratto"*, Il Mulino, Bologna 1985.

32) E.Allan Poe, *"L'uomo della folla"*, in E. Allan Poe *"I racconti straordinari"*, Sansoni, Firenze 1965.

33) F. Ravaglioli, *Sulle stagioni del Romanzo pedagogico"*, in "Studi di Storia dell'Educazione" n. 1 a 1982

34) R. Runcini, *""La paura e l'immaginario sociale nella letteratura. Il Gothic Romance"*, Liguori, Napoli 1995.

35) C. Salinari, *"Miti e coscienza del decadentismo italiano"*, Feltrinelli, Milano 1960.

36) N. Sapegno, *""Ritratto di A. Manzoni e altri saggi"*, Laterza, Bari 1961.

37) A. Schnitzler, *"Il dottore Graessel, medico termale"*, Mondadori, Milano 1987.

38) A. Schnitzler, *"Anatol"*, introduzione di P. Chiarini, Einaudi, Torino 1986.

39) J. Schumpeter, *"Capitalismo, Socialismo, Democrazia"*, Etas libri, Milano 1973.

40) A.M. Sobrero, *"Antropologia della città"*, La Nuova Italia, Roma 1992.

41) U. Volli, *"Manuale di Semiotica"*, Laterza, Roma-Bari, 2003

42) M. Vozza, introduzione a G. Simmel, *"Filosofia dell'amore"*, Donzelli, Roma 2001.

NOTE CONCLUSIVE

"Il maestro è nell'anima,
e nell'anima per sempre resterà"

Dal testo 'Il Maestro', canzone
Di Paolo Conte.

E' probabile che il passaggio all'entità statale tipico della nostra civiltà, da quelle che erano le precedenti forme comunitarie e sociali, sia da attribuirsi, fra le altre cose, allo strutturarsi in forme codificate - normativamente e militarmente- di quelle che non erano altro che "costrutti etnocentrici e illusioni patriarcali dell'occidente"(1). Già Marx –ma anche altri prima di lui- aveva notato come lo stato e i regimi patriarcali, fra questi anche i vari tipi di famiglie storiche, fossero tra loro coeve e implicate l'un l'altro. Medea si scontra con il potere statuale di Corinto, Antigone –come abbiamo visto- confligge in maniera radicale ed agonistica con Creonte, sovrano-patriarca della città di Tebe, che era succeduto a un periodo di anarchia e pestilenza, dovuto alle colpe destinali di Edipo e, appunto, alla rottura dell'ordine patriarcale prestabilito, venuto meno a causa dell'incesto, alla rottura di un tabù posto a fondamento di questo ordine.

Anche nel Romanzo di Formazione il sottofondo patriarcale dei rapporti sociali e istituzionali-statali, si manifesta in maniera tangibile con quella 'ragione calcolante', tipica del disincantamento post-illuministico che Adorno pone come ragione fondante dei moderni rapporti capitalistici, che però –sempre secondo lo studioso francofortese - affonda le sue lontane radici nella arcaicità mediterranea e nella classicità greca, anche se questa volta non nella tragedia ma nell'epica dell'Odissea, nella figura razionale, pragmatica e utilitaristica di Ulisse. Una ragione calcolante e razionalmente orientata allo scopo (per usare una terminologia weberiana), che però ancora oggi convive con il pensiero mitologico, ne mantiene, in maniera più sotterranea, le caratteristiche e l'effettualità, creando, anzi, nuovi più terribili prodotti, come l'olocausto e le varie pulizie etniche; o anche, i miti contemporanei, più soft e seducenti di tipo 'glamour', come i miti di Hollywood, della televisione o del calcio, ecc.(2). Contemporaneamente, si affermano in maniera definitiva, con il capitalismo industriale, gli Stati-nazione mentre nella dimensione famigliare, assistiamo a uno spostarsi del fulcro dell'economia verso l'esterno: da un'economia domestica si passa all'esterno: al capannone, alla fabbrica e alla manifattura, ma i rapporti affettivi e relazionali intrafamigliari permangono, anzi, il potere si incentra ancor di più sulla figura del maschio che assume i connotati del capitalista, mentre la donna vede venir sempre più meno anche quei ristretti margini di amministrazione dell'economia della casa che prima poteva vantare. Con il capitalismo il potere patriarcale perde un po' la sua carica istintuale, de-sacralizzandosi si umanizza, ma non viene meno, anzi, come un contraltare rispetto l''ufficialità' dei diritti, raggiunge nuovi, più raffinati e subdoli livelli di dispotismo, violenza e sovranità. Le donne del Romanzo di Formazione rivestono quasi sempre un ruolo marginale e ancillare, il protagonista è sempre il maschio. La Gertrude di Pestalozzi, Eloisa, Lucia Mondella e le altre si muovono in spazi carsici, quando emergono lo fanno in maniera distruttiva o dissonante come Emma Bovary o le eroine di Bronte, o anche, venendo più ai nostri giorni, M.me Chauchat di Th. Mann, o, in casa nostra, Mamma Roma di Pasolini, si trovano ad essere annientate o ad avere, comunque, influenze negative sulle figure maschile o lo svolgimento dei fatti narrati.

La narrativa favolistica presenta diversi aspetti riferibili al patriarcato e di autoritarismo, (si pensi alla figura dell'orco), poi altri personaggi possono, viceversa, evocare, nelle loro funzioni e nel ruolo giocato nello sviluppo della trama, aspetti di carattere matriarcali; così mi sembra si possa dire, rimanendo a *"Le avventure di Pinocchio"*, per la fatina dai capelli turchini, la quale rimandando ad un sottofondo di nostalgia per una maternità non vissuta, si presenta anche attraverso una velata ambiguità incestuosa, evocando d'altra parte anche raffigurazioni matriarcali: una sorta di Madre Mediterranea in terra toscana, dispensatrice di buoni consigli, ma anche di punizioni terribili; una figura solitaria e contraddittoria, che sembra scontare, con la mancata maternità, la sua eresia e il peccato di eccentricità e orgoglio di genere.

Ai giorni nostri si parla da più parti di crisi della forma Stato, non tanto come spazio geograficamente individuato e confinato, quanto piuttosto di esercizio della sovranità e giurisdizione politica, il che determina uno scivolamento delle competenze normativo-legislative dai confini nazionali storicamente definiti verso aree più ampie (le 'costellazioni sovra-nazionali' di cui parla J. Habermas), in modo che certe istanze vengono ad essere definite in termini più universalistici, sganciate dalle giurisdizioni etno-nazionali, individuando così delle grammatiche maggiormente condivisibili e meno legata a vincoli tradizionalistici di tipo regressivo e di 'territorio'. Nonostante il ferreo regime iperliberista dei mercati mondializzati tenda all'omologazione repressiva, si estende il contenuto progressista e 'civilizzatore' degli impianti normativi varati, che, spesso, tendono sempre più a farsi carico, in termini di equanimità, dei diritti e dei riconoscimenti umanitari delle minoranze e altre fragilità sociali. Anche se il materiale normativo-legislativo prodotto non trova poi, in fase esecutiva sostanziali riscontri, va detto che sono molti, almeno in occidente, i provvedimenti (circolari, raccomandazioni, convenzioni, leggi ecc.) che tengono (almeno sul piano formale) conto delle donne, dei minori, dei disabili, delle minoranze etnoculturali e religiose ecc. Dispositivi di carattere giuridico 'illuminati' e che si inscrivono in quel processo di 'civilizzazione' (*Zivilisation*) di cui si parlava. Al contempo però in parallelo si manifestano eterogenei e multiformi episodi si regressione, niente affatto residuali o arcaiche sopravvivenze scampate all'oblio, ma appalesamenti di quel patriarcalesimo di antica, arcaica memoria e che trovano, a pieno titolo, ospitalità in quelle che sono le nostre società attuali e post moderne in perenne via di transizione, ad elevato grado di complessità e anomia sociale, travolte da crisi –non solo economiche- sempre più ravvicinate nel tempo e sempre più dirompenti. Il mito e i suoi connotati di violenza e prevaricazione, i suoi meccanismi sacrificali ed espiatori, ecc. non si muovono solo nello sfondo per emergere qua e là, con delle eruzioni inspiegabili, raptus da attribuire alla patologia del singolo o del gruppo: il mito, e con lui le varie pratiche patriarcali-paternalistiche e i suoi vincoli antichi, contiene in sé quell'elemento dialettico che gli consente di superare e di riprodursi adeguandosi ai diversi contesti vitali e alle diverse condizioni degli assetti storico sociali e culturali. La tecnicizzazione del mito, di cui parlavamo in introduzione, non costituisce elemento di attenuazione e razionalizzazione di questi aspetti negativi, e non occorre in questa sede dilungarsi sui vari discorsi di critica che da Marx a Nietzsche, da Heiddeger ad Adorno, dalla Arendt a Girard, si sono succeduti in tutto il novecento. In parallelo lo Stato, che si costituisce come unico esercitante la forza e la violenza (giustizia e diritto), e anche nella sue ultime accezioni solidaristiche e tutelanti di Welfare, vede diminuire, come dicevamo, i suoi spazi di agibilità, la globalizzazione, il liquefarsi delle società che ricadevano sotto la sua pertinenza, il miscelarsi delle differenze ecc. Il tutto oltre alla 'Civilizzazione'comporta anche, in parallelo, un rinchiudersi identitario e la riesumazioni (se mai furono esumate) di istanze di carattere arcaico, vitali derivazioni che allignano e prosperano nelle società della post o tarda modernità.

Un lato oscuro, una linea d'ombra che non va scotomizzata e negato, o anche accettato con rassegnata fatuità, ma va tematizzato pedagogicamente, con proposte di politica preventiva e formativa, ma anche riabilitativa e terapeutica; le istituzioni e le governante territoriali sono chiamate a promuovere condotte e linguaggi mediativi, -come dicevamo nelle pagine finali del capitolo sulla Tragedia- azioni ed attività di contrasto del *Demens* per promuovere e evidenziare il *Sapiens* dell'uomo della post modernità (3). Cosa non facile e niente affatto da lasciare allo spontaneismo: mancano i valori ai quali riferirsi per un'azione pedagogico-formativa in tal senso.

"La filosofia morale classica…ha definito la persona felice come persona virtuosa e una società felice come una società virtuosa…La modernità ha spazzato via questa visione…, l'emotivismo, cioè il pensare e l'agire sulla base delle emozioni ha fatto il resto. Che ne sarà delle virtù? L'appello alle tradizioni culturali non può aiutare più di tanto, perché la modernizzazione,..è per definizione un processo di de-tradizionalizzazione Le tradizioni culturali hanno un peso se possono contare su processi di socializzazione"(4)

adeguati alla formazione che si basi, come abbiamo accennato, sulla riflessività e l'autodeterminazione che sono la cifra dell'uomo contemporaneo, svincolato, appunto dai retaggi della tradizione anche se poi, a ben guardare,

"la visione classica mantiene una certa validità, perché non c'è socializzazione se non vengono stabilizzate certe disposizioni all'agire verso il bene (non solo nell'età infantile e giovanile, ma anche dopo). La virtù si acquista con l'esercizio degli atti corrispondenti, le generosità con atti generosi, la laboriosità con atti di lavoro e sacrificio e così via. Ma i processi di modernizzazione rendono sempre meno probabile un'educazione alle virtù concepite come frutto di una ripetizione di atti buoni"(5).

Le cose sono alquanto complesse, negare questa complessità per rimanere in categorie pedagogico-formative di carattere prescrittivo, non è un percorso consigliabile; probabilmente è qui che la creatività, l'arte, il sentimento estetico possono svolgere un'azione significativa ed importante, che marci di pari passo con la sensibilità e la capacità comprensiva delle istituzioni preposte e con il supporto della comunità educante di prossimità che deve a sua volta essere sensibilizzata e formata: una sorta di opinione pubblica orientata anche in senso pedagogico e l'arte può fornire quelle rappresentazioni pubblico-sociali necessarie e condivise, entrando

"in gioco…come criterio di conoscenza, uno scandaglio che può arrivare dove altri linguaggi non arrivano. Ciò non vuol dire assolutamente che la letteratura può vantare una superiorità rispetto altri linguaggi…Alla letteratura si possono imputare infinite forme di ottusità e di approssimazione; ma c'è un tipo di esperienza che solo lei sa esprimere ed è quello della trasformazione umana, della nascita di nuove identità dalle ceneri delle vecchie, in rapporto a determinati tempi, spazi, occasioni"(6).

La letteratura quindi svolge il compito di connettere al processo educativo-formativo, singolarmente e universalmente inteso, quelle che sono le esperienze intrinseche di carattere estetico-ludiche e etiche-normative attraverso la narrazione di vicende esemplari e 'densamente tipiche'. Queste vicende raccontano il mito in tutte le sue implicazioni e 'applicazioni' tecniche e le sue evoluzioni, il suo ritrarsi, il suo ripresentarsi nelle società consumistiche e massificate. I miti fondativi della forma stato che nella tragedia classica hanno elaborato gli indirizzi integrativi delle diverse comunità nel nuovo Stato, o hanno dato spessore emotivo e cognitivo alle vicende umane nelle fasi di transizione, di anomia e di instaurazione di nuove forme e nuovi paradigmi produttivi, sociali, culturali e politici. I miti sono stati ripresi re-interpretati, elaborati e trasmessi dal folclore e nelle tradizioni popolari adeguandosi alle esigenze delle rappresentazioni e dell'immaginario collettivo medioevale e, successivamente, della stilizzazione rinascimentale. Infine, nell'epoca della piena diffusione industriale, il mito, filologicamente rivisto, è protagonista –da una parte- della narrativa fantastica e fiabesca, romanticamente stilizzata con l'intento di rievocare quello che era ritenuto l'antico spirito comunitario; d'altra parte lo si può rintracciare, adeguato alla modernità, nel Romanzo borghese e post borghese del novecento. Parallelamente il mito massificato, coinvolto nelle vicende della globalizzazione e della ipertecnologizzazione, sta andando incontro a derive patologiche, riesumando modalità comunitarie-identitarie che hanno sviluppato rivendicazioni di carattere etnico e regressivo, sfociate in nuove tragedie collettive.

Si potrebbe essere ritenuti a credere che lo stesso processo di laicizzazione, razionalizzazione e secolarizzazione del mito si è andato verificando anche attraverso l'opera di 'chiarimento' e di riflessività che si è realizzata attraverso la sua stessa narrazione. Da quando il mito, attraverso il suo caratterizzarsi magico-sacrale, esercitava una sovranità totale e sostanziale attraverso i depositari rappresentati dalle gerarchie ascritte quasi sempre patrilinearmente (capitribù, sacerdoti, anziani), a oggi, ha svolto –come abbiamo tentato di mostrare- una funzione rilevante sia nella formulazione degli ordinamenti e dispositivi istituzionali, sia nello svolgimento delle prassi etico-normative ed estetico-creative-formative. Il mito rinnovandosi e trovando nuove formulazioni e racconti ha continuato a svolgere funzioni sempre più diversificate man mano che la complessità sociale aumentava, passando sempre più da un influsso direttamente vincolante e sostanziale a un adempimento indiretto di carattere relazionale e cultural-ideologico. Cosi che, pur perdendo sovranità ha continuato in maniera ineludibile a diversificare le sue configurazioni e ad adattarsi anche attraverso nuove espressioni narranti, e adesso che le forme statuali, stanno modificando i loro assetti, il mito si accinge a operare, nel bene e nel male, anche attraverso nuove rappresentazioni e nuove ibridazioni incontrando – proprio grazie alle migrazioni- altre tradizioni, altre rappresentazioni e altre narrazioni.

Insomma il mito si rinnova, riformulando dialetticamente antiche configurazioni (i relitti come ebbe a dire de Martino), sia proponendosi come proiezione feticistica nelle società massificate e sia come contaminazione risultata dalla globalizzazione e della reazione ad essa. La sua funzione normativa è sempre in essere nonostante le sue diverse modalità di esercizio, così come la sua parte *demens*, di regressione e di arretramento del vivere civile e dell'avanzamento dei diritti(7).

L'espressione letteraria (sia il romanzo, ma anche la tragedia scritta e rappresentata, la fiaba, le varie riproduzioni tecniche ecc), che come abbiamo visto, risulta essere alla fin fine una declinazione narrativa dei temi mitici(8), trova così non solo nuove ispirazioni ma anche, tra l'altro, modi sempre più adeguati di approntare rinnovati spunti e inediti contributi educativi-formativi, raffinando la sua potenzialità di "forma di conoscenza… storicamente determinata e irripetibile"(9). Personalmente ritengo che il romanzo, nella sua forma cartacea (il libro) non verrà soppiantato completamente dagli altri media, anche se questi ultimi, sul piano della quantità, sono, attualmente artefici di un profondo mutamento riguardo i processi di formazione ed educazione (e, anche se in maniera diversa, della socializzazione primaria e secondaria). L'impatto dei media elettronici e virtuali, in particolare della TV (anche se non più in maniera esclusiva come poteva essere fino a un decennio fa), in tutto quello che è la formazione e il percorso identitario di ciascuno, non può essere sottovalutato, anche in virtù del venir meno delle tradizionali agenzie educative, che sembrano sempre più abdicare in favore di esperienze eterogenee e 'orizzontali' di autoformazione, visto, oltre il decadere, in generale, delle istanze prescrittive e l'innalzarsi, da un lato, del livello di riflessività e, dall'altro, di flessibilità delle identità. Però l'offerta di questi sempre più sofisticati nuovi media resta pur sempre collegata a riferimenti narrativi, visual-iconici, a materiali simbolici e stilistici di genere, di antica fattura, che ripropongono, magari anche in forma stereotipa i repertori di sempre. La moderna fiction, generalista e non solo, attinge, e continuerà ad attingere, dai romanzi, dalla narrativa, dal racconto immaginifico, fantastico, dalle fiabe ecc., attraverso una infinita opera di reinvenzione e contaminazioni, ricorrendo a inediti, a volte eccellenti e originali a volte banali, adattamenti letterari, riscritture, ricombinazioni ecc.

In conclusione, non so se l'intento iniziale, che era quello di evidenziare e porre in argomento gli aspetti e le rilevanze formative-educative implicate nella Tragedia, nella Favola e nel Romanzo sia riuscito, o, quantomeno, riuscite solo in parte. Credo comunque si possa, alla fin fine, dire che i tre generi trattati, ciascuno a suo modo e facendo ricorso a configurazioni emblematiche peculiari, esprimano le contraddizioni e le tensioni della condizione umana. Lo fanno poeticamente, cioè non fissando i fatti in idee e concetti(10), ma servendosi della finzione narrativa e letteraria –sia essa orale, scritta, rappresentata oralmente o attraverso gli attuali strumenti tecnologico-visuali. Il che costituisce una esperienza artistico-estetica, essenziale per il percorso di crescita di ciascuno, anche perché, tale esperienza, coinvolge sia l'ambito cognitivo e dell'apprendimento (leggere, ascoltare, comprendere il testo e il contesto ecc.), sia l'ambito emotivo, realizzando –appunto- quello che è il vissuto formativo (ed educativo) dell'individuo.

NOTE

1)   Cfr. C. Ravirosa Madrazo, in Z. Bauman, *"Vite che non ci possiamo permettere"*, Edit. Laterza, Roma-Bari, 2010, p. 41 e sgg.

2)   Cfr. S. Petrucciani, " *Introduzione a Adorno"*, Ediz. Laterza, Roma- Bari 2000, p. 64 e sgg.

3)   Cfr. G. M. Bertin, W*Disordine esistenziale ed istanza della ragione. Tragico e comico, violenza ed eros"*, in particolare il paragrafo *"Considerazioni conclusive sulla pedagogia della violenza"*, da p. 318 a 325.

4)   P.P. Donati, *"Sociologia della riflessività. Come si entra nel dopo-moderno"* Il Mulino, Bologna 2011, p. 217.

5)   Ibidem. P. 218.

6)   E. Trevi, *"Il viaggio iniziatico"*, Ediz. Laterza, Roma-Bari 2013, p. 16.

7)   Gli obbiettivi emancipativi trovano l'opposizione"continua e permanente delle 'forze storiche' di cui parla M. Weber", R. Boudon, *Declino della morale? Declino dei valori?"*, Il Mulino, Bologna 2003, p.77. Probabilmente anche la parte negativa del mito concorre alla composizione di queste retrive 'forze storiche", che tendono, riproponendosi di volta in volta a neutralizzare i risultati progressivi che si riesce ad ottenere.

8)   Illuminanti nel descrivere la tensione fra mito e forme espressivo-simboliche La Logica, la religione e l'arte e la Letteratura) sono le pagine del già ripetutamente citato Ernst Cassirer, secondo il quale proprio l'arte è "cresciuta in modo strettissimo…insieme alla visione mitica del mondo" E. Cassirer *Mito e Concetto* , La Nuova Italia, Firenze 1992, p. 122, e Cfr. le pagine immediatamente precedenti e successive

9)   E. Trevi, op.cit. p. 28.

10) Cfr., a tal proposito e per quanto riguarda gli aspetti della letteratura Tragica, l'articolo di P, A. Rovatti *"I piacevoli inganni"*, in "La Repubblica", quotidiano del 13/IV/ 1986.

BIBLIOGRAFIA

1) G.M. Bertin , *"Disordine esistenziale ed istanza della ragione. Tragico e comico. Violenza ed eros"*, Cappelli Bologna 1981.
2) R. Boudon, *"Declino della morale?Declino dei valori?,* , Il Mulino, Bologna 2003.
3) E. Cassirer, *"Mito e Concetto"*, La Nuova Italia Fiorenze, 1992
4) P.P. Donati, *"Sociologia della riflessività. Come si entra nel dopo moderno"*, Il Mulino, Bologna 2011.
5) S, Petrucciani, *"Introduzione a Adorno"*, Laterza, Roma-Bari, 2000.
6) C. Ravirosa Madrazo, in Z. Bauman, *"Vite che non ci possiamo permettere"*, Laterza, Roma-Bari 2000.
7) E. Trevi, *"Il viaggio iniziatico"*, Roma-Bari, 2013.
8) P.A. Rovatti, *"I piacevoli inganni"*, in "La Repubblica", quotidiano del 13/IV/1986.

INDICE